历史、理论与实践：当代中国制度优势研究

LISHI LILUN YU SHIJIAN
DANGDAI ZHONGGUO ZHIDUYOUSHI YANJIU

主　编　刘　文
副主编　闫鸿斐　张　明

河南人民出版社
·郑州·

图书在版编目（CIP）数据

历史、理论与实践 ：当代中国制度优势研究 / 刘文主编．— 郑州 ：河南人民出版社，2024．9．

ISBN 978-7-215-13594-9

Ⅰ．D621

中国国家版本馆 CIP 数据核字第 2024VW1523 号

河南人民出版社出版发行

（地址：郑州市郑东新区祥盛街 27 号 邮政编码：450016 电话：0371-65788067）

新华书店经销　　河南新华印刷集团有限公司印刷

开本　710 mm×1000 mm　1/16　印张　12

字数　185 千

2024 年 9 月第 1 版　　2024 年 9 月第 1 次印刷

定价：38.00 元

前　言

“凡将立国，制度不可不察也。”制度是国家之基、社会之规、治理之据，是国家治理体系和治理能力现代化的基本前提。新中国成立以来，中国共产党领导中国人民不断探索实践，逐步形成了中国特色社会主义制度，为当代中国发展进步提供了制度遵循。实践充分证明，中国特色社会主义制度具有强大生命力和巨大优越性，70多年来，我们之所以能创造世所罕见的经济快速发展奇迹和社会长期稳定奇迹，中华民族之所以能迎来从站起来、富起来到强起来的伟大飞跃，究其根本原因，就在于中国特色社会主义制度强有力的支撑和保障。

一个国家选择什么样的国家制度，是由这个国家的历史传承、文化传统、经济社会发展水平决定的。中国特色社会主义制度不是从天上掉下来的，是植根于源远流长的中华优秀传统文化，依托马克思主义科学理论指导，在党领导人民革命、建设和改革的长期探索和实践中形成的，是中国共产党和中国人民的伟大创造，具有深刻的历史逻辑、理论逻辑、实践逻辑和深厚的文化根基。党的十九届四中全会全面总结了中国特色社会主义制度建设的历史性成就，系统阐述了我国国家制度和治理体系的十三个显著优势，全面回答了在我国国家制度和治理体系上应该坚持和巩固什么、完善和发展什么这个重大政治问题，为在新的历史起点上推进国家治理体系和治理能力现代化提供了根本遵循。当前，中华民族伟大复兴已进入关键时期，世界百年未有之大变局加速演变，机遇前所未有，挑战前所未有，深入研究中国特色社会主义制度形成和发展的逻辑必然，有助于我们更好地理解和把握当代我国国家制度的优势，找到“中国之治”的制度密码，有助于更好地坚持和完善中国特色社会主义制度，推进国家治理体系和治理能力现代化，为实现中华民族伟大复兴提供根本保证。

《历史、理论与实践：当代中国制度优势研究》主要围绕党的十九届四中全会概括和总结的中国特色社会主义制度的显著优势，阐述了制度及制度优势的内涵，分析了中国特色社会主义制度形成和发展的历史逻辑、理论逻辑、实践逻辑和文化根基，探讨了进一步发挥我国制度优势，推进国家治理体系和治理能力现代化的思路举措。本书是战略支援部队信息工程大学“思想政治理论研究专项基金”重点课题“中国特色社会主义制度优势研究”的最终成果。

全书的分工如下，第一章：刘文；第二章：张明、孙阳阳；第三章：张家强；第四章：党雪梅；第五章：闫鸿斐；第六章：刘文、孟鹏斐、朱志。刘文负责全书大纲的制定，刘文、闫鸿斐负责全书的统稿和修改工作。由于作者水平所限，书中难免有许多不足之处，恳请各位读者批评指正。

编　者

2022 年 10 月 20 日

目　录

第一章　中国特色社会主义制度优势研究的基本理论问题

概念界定是理论分析的基本前提，中国特色社会主义制度优势研究涉及制度、制度优势、社会主义制度优势、中国特色社会主义制度体系及其独特优势等基本范畴，只有明确了这些概念的科学内涵及其辩证关系，才能以严密的逻辑来回答中国特色社会主义制度的优势所在。

一、制度与制度优势

（一）制度的内涵及特征

制度，《现代汉语词典》中解释为"在一定历史条件下形成的政治、经济、文化等方面的体系"①。制度是人类社会生活中的一个常用概念，从一般意义上来讲，制度就是人们生活中有关社会、经济、政治等行为的规则，是社会生活中每个人都应该遵守的一套行为规范。

对制度的内涵，哲学、经济学、法学、政治学、社会学、人类学等不同学科领域都有探讨。如德国哲学家哈贝马斯认为，制度是人们交往、互动的必然产物，是人们在追求"目的理性"的过程中所形成的"交往共识"的体现。②美国制度经济学家康芒斯（John Rogers Commons）把制度视为"集体行动控制个体行动"③。专注于制度变迁研究的美国学者诺斯（Douglass C. North）

① 中国社会科学院语言研究所词典编辑室编：《现代汉语词典》（第7版），商务印书馆2016年版，第1689页。

② ［德］哈贝马斯：《后形而上学思想》，译林出版社2001年版，第60页。

③ ［美］康芒斯：《制度经济学》（上），商务印书馆1997年版，第87页。

认为制度是“一系列被制定出来的规则、守法程序和行为的道德伦理规范”①，它旨在约束追求主体福利或效用最大化利益的个人行为。美国政治学家亨廷顿认为，制度是稳定的、受到尊重的和不断重现的行为模式。罗尔斯认为，制度是“一种公开的规范体系，这一体系确定职务和地位以及它们的权利义务、权力豁免等等”②。

综上所述，我们认为制度就是有关人们经济、政治、社会等行为的规范或运作模式规则的集合，也是大家共同遵守的办事规程或行为准则。这种社会规范是伴随着人类社会的产生而形成的，人类作为一种群体性的存在，其生存与发展离不开各种社会安排，即人类的生产交往活动必然会形成一定的社会关系，这些社会关系的规范化和秩序化便形成了制度。随着生产规模和社会交往的扩大，人类的社会关系不断复杂，制度的内容也就逐渐丰富起来。

作为社会规范，制度一般具有规范性、指导性、约束性、权威性、强制性。随着社会关系的不断复杂化，为了保证社会的正常运行，每个社会成员的言行举止必须有一定的规矩和标准，制度作为一种社会规范首先表现为对人的行为的规范，也就是制度的规范性。制度对社会成员的社会生活具有指导性，它规定了社会成员在社会生活中应该做什么和不应该做什么。如果社会成员违背了这些制度就会受到一定的惩罚，这是制度约束性的体现。制度对社会成员来说是一种强制性的规范，要求社会成员必须共同遵守，这是制度权威性和强制性的体现。制度的规范性、指导性、约束性、权威性和强制性是制度作为一种社会规范的基本特性，只有不断强化制度的这些特性，才能更好地调控社会关系，维护社会的有序运行。

在国家产生之后，国家制度就成为国家对本国事务进行治理的基本规范、基本依据。相较而言，古代国家结构简单，制度的权威性、功能性较弱，人治色彩浓厚。现代国家结构复杂，专业化水平高，治理难度大，因此，现代国家普遍依据制度、法律、政策进行治理，其中，制度治理具有优先性。国家

① ［美］诺斯：《经济史中的结构与变迁》，生活 · 读书 · 新知三联书店、上海人民出版社 1994 年版，第 225—226 页。

② ［美］约翰 · 罗尔斯：《正义论》，中国社会科学出版社 1988 年版，第 54 页。

首先要通过制度设计、制度安排、制度实施，对国家事务进行合理规范，在制度规范的基础上，通过具体细致的法律规范和政策规范，来达到维持国家正常运行的目的。

从现代国家治理的角度来看，制度，从本质上说是一种国家形式，是国家本质的根本体现[①]，是国家运行的基本依据，因此，在国家层面可以把制度界定为：对国家本质、国家形式、国家运行和公民行为等具有普遍指导意义的，要求全社会成员共同遵守的一系列强制性明文规范。在现代国家治理中，制度的重要性首先体现在它对国家运行的规范作用上。现代国家的形成、发展与运行都离不开制度规范，现代国家建设的重要内容之一就是制度的确立、巩固、完善和发展。制度的好坏决定着国家建设的成败，好的国家制度可以使国家实现长治久安与繁荣发展，而坏的国家制度则会使一个国家陷入动荡不安甚至丧失政权。尤其是在全球化的背景下，每一个国家都面临着来自各方面的竞争，而国家间的竞争背后更多地体现为国家治理能力的竞争。要想提高国家的治理能力，关键就在于国家制度建设，因此，国家制度的好坏决定着国家的发展方向。国家的运行和发展必然需要依据历史、国情、世情和国家根本目标构建一系列科学有效的国家制度，从而对本国的政治、经济、文化、社会等事务进行管理。只有不断加强制度建设，才能保证国家治理的顺利进行。

国家制度也具有指导性、约束性、权威性、强制性、程序性，国家制度是国家本质的体现，对国家的运行具有指导作用。国家治理必须要在国家制度框架内展开，国家治理活动也必须要依据制度规范来进行，这都集中体现了国家制度的指导性。国家制度不仅对国家运行予以指导，同时也对国家运行加以约束，明确规定国家治理活动中哪些该做、哪些不该做，对违背国家制度的行为坚决处罚，这是国家制度约束性的体现。国家制度是一国之内全体社会成员和组织共同遵守的行为准则和规范，在国家制度面前人人平等，任何组织和个人不能凌驾于制度之上，这是国家制度权威性的集中体现。国家制度是刚性要求，这种刚性要求以国家权力机关的存在为前提，即

---

① 包心鉴：《中国制度何以自信：中国制度的本质、特色、优势》，《理论导报》2015 年第 5 期。

国家制度的实施是依靠国家权力机关的支持而展开的,这是国家制度强制性的集中体现。国家制度的程序性,是指国家制度的产生、运行都必须遵循法定过程,国家制度的程序性使国家治理活动更加协调高效,也使制度更加规范。

(二)制度优势与社会主义制度优势

优势,按《现代汉语词典》(第7版)的解释,是指能超过对方的有利形势,因而可知优势是在比较中产生的。制度优势就是通过对不同制度进行比较而得出某一特定制度所具有的优越性,但这种优越性不是一般的、现象层面的优越性,而是带有根本性和决定性的优势,这种优势会进一步影响人们的经济、社会、政治行为及社会整体发展形态。

马克思主义唯物史观认为,生产力与生产关系、经济基础与上层建筑之间的矛盾运动是推动人类社会发展的根本动力。其中生产力是最活跃、最革命的因素,生产关系要适应生产力的发展,上层建筑要适应经济基础发展要求;同时生产关系对生产力、上层建筑对经济基础又具有反作用,在二者相适应时会促进生产力的发展,不适应时则会阻碍生产力的发展。在现实生活中,生产关系和上层建筑集中体现为一个国家的制度体系。这也意味着,社会制度优劣的评价标准根本上在于其是否能够最大程度地促进社会生产力的发展,以及是否能够妥善处理各种社会矛盾,从而使最广大人民群众共享发展成果。正如恩格斯所讲:"一切政府,甚至最专制的政府,归根到底都不过是本国状况的经济必然性的执行者。它们可以通过各种方式——好的、坏的或不好不坏的——来执行这一任务;它们可以加速或延缓经济发展及其政治和法律的结果,可是最终它们还是要遵循这种发展。"①

在当前世界范围内,资本主义制度与社会主义制度是人类社会的两大基本制度。社会主义制度优势,就是指社会主义制度在同资本主义制度比较、竞争中能体现出来的优越性。突出体现就是在生产力与生产关系的矛盾中,社会主义制度更有利于生产力的发展。社会主义制度代替资本主义

① 《马克思恩格斯文集》(第十卷),人民出版社2009年版,第626页。

制度之所以是一种历史趋势，就是因为资本主义社会基本矛盾的存在及激化，使资本主义的生产关系已经不能适应生产力发展的要求，需要一种新的社会制度来取代旧有制度。尽管二战后资本主义世界通过不断的改革、调整而发生了很多新变化，资本主义社会矛盾也得到一定程度的缓和，但资本主义制度在本质上依然是一种对抗形式的制度。尤其是以生产资料私有制为基础的生产关系与生产力之间的基本矛盾并没有改变，而且在经济全球化的背景下，其矛盾有时候更错综复杂、更尖锐。因此，资本主义社会的改革与调适，都只是在维护、巩固资本主义制度范围内的调整，并不触及其根本制度中所蕴含的根本性矛盾。这样一来，其生产力与生产关系之间的不平衡和不适应，以及由此导致的经济危机都是不可避免的，这些都决定了人类社会的最终形态绝不是资本主义制度，而必须由一种比资本主义制度更具有优势的社会制度来代替这一制度。因此，审视社会主义制度的优势要从人类发展进程的规律性视角进行，社会主义属性的制度形态取代资本主义属性的制度模式是由历史规律所决定的，蕴含在这种规律背后的就是生产力逻辑，社会主义制度意味着更高水平的生产力水平，是能够不断解放生产力、发展生产力的制度。对此，邓小平在不同的场合多次明确表示，“讲社会主义，首先就要使生产力发展，这是主要的。只有这样，才能表明社会主义的优越性”①，“没有这一条，再吹牛也没有用”②。

同时，看一个制度好不好、优越不优越，还要从政治上、大的方面去评判和把握。邓小平曾在《党和国家领导制度的改革》中说过，“我们进行社会主义现代化建设，是要在经济上赶上发达的资本主义国家，在政治上创造比资本主义国家的民主更高更切实的民主，并且造就比这些国家更多更优秀的人才。……党和国家的各种制度究竟好不好，完善不完善，必须用是否有利于实现这三条来检验”③。2014 年习近平总书记在庆祝全国人民代表大会成立 60 周年大会上的讲话中提出了衡量政治制度的“八个能否”的标准。他指出：评价一个国家政治制度是不是民主的、有效的，主要看国家领导层

① 《邓小平文选》（第二卷），人民出版社 1994 年版，第 314 页。
② 《邓小平文选》（第二卷），人民出版社 1994 年版，第 251 页。
③ 《邓小平文选》（第二卷），人民出版社 1994 年版，第 322—323 页。

能否依法有序更替,全体人民能否依法管理国家事务和社会事务、管理经济和文化事业,人民群众能否畅通表达利益要求,社会各方面能否有效参与国家政治生活,国家决策能否实现科学化、民主化,各方面人才能否通过公平竞争进入国家领导和管理体系,执政党能否依照宪法法律规定实现对国家事务的领导,权力运用能否得到有效制约和监督。①

总之,具有优越性的制度与其他社会制度相比,必然是能够推进生产发展、社会进步的,也必然是合乎现实生活需要、合乎人民意愿的,是合规律性与合目的性的统一。

二、中国特色社会主义制度体系

中国特色社会主义制度是社会主义制度在中国的具体表现形式,它是我国在坚持、发展和完善社会主义的过程中,在社会主义经济、政治、文化、社会、生态文明建设等各个领域形成的一整套相互衔接、相互联系、相互促进的制度体系。正如党的十九届四中全会所指出的,“中国特色社会主义制度是党和人民在长期实践探索中形成的科学制度体系”。

作为科学的制度体系,它首先是系统完备的。党的十九届四中全会把它概括为十三个制度体系,即党的领导制度体系、人民当家作主制度体系、中国特色社会主义法治体系、中国特色社会主义行政体制、社会主义基本经济制度、繁荣发展社会主义先进文化的制度、统筹城乡的民生保障制度、共建共治共享的社会治理制度、生态文明制度体系、党对人民军队的绝对领导制度、“一国两制”制度体系、独立自主的和平外交政策、党和国家监督体系。这十三个方面的制度构成了中国特色社会主义制度的总体图谱。这一图谱涵盖了中国共产党领导中国人民统筹推进“五位一体”总体布局、协调推进“四个全面”战略布局,在统揽“四个伟大”的实践中治国理政的各个方面,涵盖了实现“两个一百年”奋斗目标、进而实现中华民族伟大复兴的各个方面,

① 习近平:《在庆祝全国人民代表大会成立60周年大会上的讲话》,人民出版社2014年版,第16—17页。

形成了系统完备、科学规范、运行有效的科学制度体系。

其次，它是结构科学的。在这一制度体系中，既有根本政治制度、基本政治制度、基本经济制度，又有建立在此基础上的经济体制、政治体制、文化体制、社会体制、生态文明体制等事关国家治理各个方面的重要制度。不同层面、不同类型的制度相互衔接、相互联系，各司其职、有机协调，极大地推动了中国特色社会主义事业的发展，推动着国家治理水平的提升。

根本制度是在制度体系中起决定性作用的制度，反映了制度体系的本质内容和根本特征，对制度体系建设具有决定作用。我国的根本制度体系包括党的集中统一领导、人民当家作主、坚持马克思主义在意识形态领域指导地位、坚持党对人民军队的绝对领导等方面。其中，党的领导制度居统领地位，起决定作用，它贯穿于其他各项制度建设的要求之中。对此习近平总书记曾形象地指出："我国社会主义政治制度优越性的一个突出特点是党总揽全局、协调各方的领导核心作用，形象地说是'众星捧月'，这个'月'就是中国共产党。在国家治理体系的大棋局中，党中央是坐镇中军帐的'帅'，车马炮各展其长，一盘棋大局分明。如果中国出现了各自为政、一盘散沙的局面，不仅我们确定的目标不能实现，而且必定会产生灾难性后果。"①人民代表大会制度是我国的根本政治制度，它是中华人民共和国的政体，是中国共产党人创造性地把马克思主义国家学说同中国具体实际相结合，借鉴巴黎公社、苏维埃政权建设以及革命根据地时期中国共产党红色政权建设的历史经验，经过长期探索建立的新型人民民主政权及其组织形式的结晶，是支撑中国国家治理体系和治理能力的根本政治制度，也是中国人民在人类政治制度史上的伟大创造。坚持马克思主义在意识形态领域的指导地位，是关系党和国家事业长远发展、关系我国文化前进方向和发展道路的重大制度创新，集中体现了以习近平同志为核心的党中央对中国特色社会主义文化建设规律的认识进入一个新的境界。党对人民军队的绝对领导是中国共产党在血与火的革命战争年代付出巨大代价后得出来的正确结论，是人民

① 中共中央文献研究室编：《习近平关于全面建成小康社会论述摘编》，中央文献出版社 2016 年版，第 96—97 页。

军队的建军之本、强军之魂。

基本制度是制度体系的“顶梁柱”，规定着国家政治生活、经济生活的基本原则。中国特色社会主义基本政治制度有三项，包括中国共产党领导的多党合作和政治协商制度、民族区域自治制度以及基层群众自治制度。中国共产党领导的多党合作和政治协商制度是中国共产党把马克思列宁主义政党学说同中国革命、建设和改革的具体实践相结合的伟大创造，是马克思主义统一战线理论、政党理论、社会主义民主政治理论与中国具体实践相结合的产物，是具有中国特色的社会主义新型政党制度。民族区域自治制度是中国共产党在探索解决我国民族问题的历史过程中，坚持马克思主义国家学说和民族理论，结合中国多民族的特殊国情，提出建立的单一制民主共和国的国家结构形式和制度安排，是中国特色解决民族问题的正确道路的重要内容。基层群众自治制度是城乡居民群众以相关法律法规政策为依据，在城乡基层党组织领导下，在居住地范围内，依托基层群众自治组织，直接行使民主选举、民主决策、民主管理和民主监督等权利，实行自我管理、自我服务、自我教育、自我监督的制度，是发展我国基层民主、保证人民享有更多更加切实民主权利的重要制度，是人民民主及人民主体地位在城乡基层的具体体现。中国特色社会主义基本经济制度是“公有制为主体、多种所有制经济共同发展，按劳分配为主体、多种分配方式并存，社会主义市场经济体制”，揭示了社会主义初级阶段生产关系的本质特征和核心要义，决定了社会主义初级阶段中国社会的基本经济格局。

重要制度是由根本制度和基本制度派生而来的，体现在国家治理各领域各方面各环节的具体制度和体制机制上，上接国家治理体系之顶层，下连社会生产生活之基层，承上启下，连接四面八方，在国家治理体系和治理能力现代化中具有不可替代的作用。如“一国两制”是党领导人民实现祖国和平统一的一项重要制度，是中国特色社会主义的一大创举。还有许多具体的制度和机制，如“党领导各项事业的具体制度”“党员、干部联系群众制度”“党管干部、选贤与能制度”“人大对‘一府一委两院’监督制度”“民主党派中央直接向中共中央提出建议制度”“人民政协专门协商机构制度”“审判制度、检察制度”“律师制度”“行政执法责任制和责任追究制度”“政府权责清单制度”“支持中小企业发展制度”“农村基本经营制度”“信访制度”“安全生产责任和管理制度”“垃圾分类和资源化利用制度”等。这些具体制度范围广、内容细、操作性强，只有将这些接地气的具体制度和体制机制落到实处，才能解决制度落实的“最后一公里”问题，才能使人民群众在现实生活中感受到中国特色社会主义制度的先进性和优越性。

三、中国特色社会主义制度的独特优势

党的十九届四中全会通过的《中共中央关于坚持和完善中国特色社会主义制度 推进国家治理体系和治理能力现代化若干重大问题的决定》指出，我国国家制度和国家治理体系具有多方面的显著优势，主要是：坚持党的集中统一领导，坚持党的科学理论，保持政治稳定，确保国家始终沿着社会主义方向前进的显著优势；坚持人民当家作主，发展人民民主，密切联系群众，紧紧依靠人民推动国家发展的显著优势；坚持全面依法治国，建设社会主义法治国家，切实保障社会公平正义和人民权利的显著优势；坚持全国一盘棋，调动各方面积极性，集中力量办大事的显著优势；坚持各民族一律平等，铸牢中华民族共同体意识，实现共同团结奋斗、共同繁荣发展的显著优势；坚持公有制为主体、多种所有制经济共同发展和按劳分配为主体、多种分配方式并存，把社会主义制度和市场经济有机结合起来，不断解放和发展社会生产力的显著优势；坚持共同的理想信念、价值理念、道德观念，弘扬中华优秀传统文化、革命文化、社会主义先进文化，促进全体人民在思想上精神上紧紧团结在一起的显著优势；坚持以人民为中心的发展思想，不断保障和改善民生、增进人民福祉，走共同富裕道路的显著优势；坚持改革创新、与时俱进，善于自我完善、自我发展，使社会始终充满生机活力的显著优势；坚持德才兼备、选贤任能，聚天下英才而用之，培养造就更多更优秀人才的显著优势；坚持党指挥枪，确保人民军队绝对忠诚于党和人民，有力保障国家主权、安全、发展利益的显著优势；坚持“一国两制”，保持香港、澳门长期繁荣稳定，促进祖国和平统一的显著优势；坚持独立自主和对外开放相统一，积极参与全球治理，为构建人类命运共同体不断作出贡献的显著优势。这些显

著优势,是我们坚定中国特色社会主义道路自信、理论自信、制度自信、文化自信的基本依据。

这十三个方面的优势实际上是对这十三个方面的工作从制度层面进行的概括和总结,明确了中国特色社会主义制度所具有的独特制度优势。

(一)党的集中统一领导的制度优势

中国特色社会主义制度的最大优势是中国共产党领导。中国共产党是中国最高政治领导力量,党的科学理论是党和国家一切工作和活动的行动指南。新中国成立以来,我们始终坚持在党的集中统一领导下开展各项工作,推进各项事业,始终坚持把马克思主义基本原理与中国具体实际相结合,用中国化马克思主义理论成果指导中国实践,赢得了中国革命、建设和改革的成功,创造了世界罕见的经济快速发展奇迹和社会长期稳定奇迹。回顾历史,在前进道路上,无论遇到什么样的困难阻力和风险挑战,依靠党的集中统一领导和科学理论指导,我们都能应变局、平风波、化危机、夺胜利,确保国家始终沿着社会主义方向前进。这与世界上一些国家思想混乱、党争纷沓、政治倾轧、政局不时动荡形成了鲜明对比。实践证明,办好中国的事情,关键在党。坚持和加强党的集中统一领导,是党和国家的根本所在、命脉所在,是全国各族人民的利益所在、幸福所在,是战胜一切困难和风险的"定海神针"。

(二)人民当家作主的制度优势

人民当家作主是我国社会主义民主的本质和核心。人民是历史的创造者,是决定党和国家前途命运的根本力量。我们党始终坚持以人民为中心,坚持人民是国家的主体、社会的主体、历史的主体,自觉把人民当家作主融入政党制度、国家制度和法律的各项制度性安排。新中国成立以来,我们建立了人民代表大会制度,支持和保证人民通过人民代表大会行使国家权力,依法实行民主选举、民主协商、民主决策、民主管理、民主监督,切实保障人民的知情权、参与权、表达权、监督权。我们建立了新型政党制度,坚持发展最广泛的爱国统一战线,形成了具有全过程特点的协商民主制度;完善基层群众自治制度,形成了以农村村民自治委员会、城市社区居民自治委员会和企业职工代表大会为主要内容的基层民主自治体系,及时回应人民需求和关切。实践证明,中国特色社会主义制度和国家治理体系体现了最广泛、最真实、最管用的民主,体现了党的群众路线的丰富内涵,能够最大限度凝聚最广大人民的智慧和力量,形成治国理政的强大合力。

(三)全面依法治国的制度优势

全面依法治国是坚持和发展中国特色社会主义的本质要求和重要保障,中国特色社会主义法治和法治体系是中国特色社会主义制度的重要组成部分。新中国成立特别是改革开放后,我们党在开启社会主义法治道路基础上,不断总结法治建设的经验教训,确立了发展社会主义民主、健全社会主义法制的基本方针,把依法治国确定为党领导人民治理国家的基本方略。党的十八大以来,我们大力推进全面依法治国,法治国家、法治政府、法治社会建设持续深入。我们已制定了270多部法律、700多部行政法规、1.2万多部地方性法规,特别是2020年5月28日,十三届全国人大三次会议以高票通过了《中华人民共和国民法典》,使中国特色社会主义法治体系日益完善。实践证明,中国特色社会主义法治,为保障和发展中国人民权利、推动经济快速发展和维护社会长期稳定奠定了坚实基础,也为世界法治建设贡献了中国智慧和中国方案,具有显著优越性和强大生命力。

(四)集中力量办大事的制度优势

我国社会主义制度决定了全国各族人民在根本利益上是高度一致的,集中力量办大事是我们成就事业的重要法宝。新中国成立后,随着社会主义基本制度的确立,集中力量办大事在体制机制上有了保障,有力促进了我国社会主义建设。比如,我们聚焦全局性、战略性、长远性目标任务,在巩固人民政权和维护国家安全、重大科技攻关、区域协调发展、军民融合发展、重大工程建设、脱贫攻坚、防范化解重大风险等方面,办成一件又一件大事,取得一个又一个重大成就。从“两弹一星”到载人航天,从探月工程到“蛟龙”深潜,从三峡工程到青藏铁路,从北京奥运会到上海世博会,从防非典到抗击新冠疫情，集中力量办大事的制度始终发挥着特殊的重要作用。实践证明，全国一盘棋，集中力量办大事的制度，能够让全党全军全国各族人民围绕共同的目标，调动各方面资源，高效有力地办成一件件大事，这是中国特色社会主义制度和国家治理体系的鲜明特点和显著优势。

（五）民族政策和制度的优势

我国是统一的多民族国家，中华民族多元一体是先人们留给我们的丰厚遗产，也是我国发展的巨大优势。新中国成立后，我们创造性地将马克思主义民族理论同中国民族问题具体实际相结合，走出了一条中国特色解决民族问题的正确道路，创建了民族区域自治制度，把各民族一律平等写入宪法，形成系统的民族理论和民族政策，不断铸牢中华民族共同体意识，使各民族以平等地位参与国家和社会生活，共享国家发展和进步成果。70 多年来，我国民族团结进步事业取得辉煌成就，充分彰显了这一显著优势。2012 年至 2019 年，民族地区累计减贫 2500 多万人，贫困发生率从 21% 下降到 4%。目前民族地区已全面普及九年义务教育，西藏和新疆的南疆地区等实现了从学前到高中阶段 15 年免费教育。实践证明，中国特色社会主义制度和国家治理体系能够坚持各民族一律平等，使各民族像石榴籽一样紧紧抱在一起，共同团结奋斗、共同繁荣发展。

（六）中国特色社会主义基本经济制度的优势

公有制为主体、多种所有制经济共同发展，按劳分配为主体、多种分配方式并存，社会主义市场经济体制三项制度是我国社会主义基本经济制度，这是我们党总结历史经验，结合中国国情得出的科学结论，是我们党和人民的伟大创造。这一基本经济制度，既有利于发挥公有制经济在保障人民共同利益、增进人民福祉、巩固完善社会主义制度等方面的主体作用，又有利于发挥非公有制经济在稳定增长、促进创新、增加就业、改善民生等方面的积极作用；既有利于调动广大劳动者的积极性、主动性、创造性，使全体人民共享发展成果，又有利于调动各类经济主体的积极性，让一切劳动、知识、技术、管理和资本的活力竞相迸发；既有利于发挥市场在资源配置中的决定性作用，增强经济发展的活力并提升效率，又有利于发挥政府在宏观调控、公共服务、促进共同富裕方面的主导作用。正是在这一基本经济制度基础上，我国成为世界第一制造业大国、第一大货物贸易国、第一大外汇储备国、第二大外国直接投资目的地国和来源国，经济总量稳居世界第二。实践证明，中国特色社会主义制度和国家治理体系所坚持的基本经济制度，为调动各方面积极性和创造性、解放和发展社会生产力，提供了重大制度条件。

（七）中国特色社会主义先进文化制度的优势

人民有信仰，国家有力量，民族有希望。新中国成立后特别是改革开放以来，我们始终坚持以马克思主义为指导，坚持从实际出发，持续推进理论创新、实践创新、制度创新和文化创新，不断发挥文化在中国特色社会主义事业中的强大引领和凝聚作用，形成了繁荣发展社会主义先进文化的制度体系。我们始终坚持物质文明和精神文明两手抓，大力弘扬中华优秀传统文化、革命文化、社会主义先进文化，积极培育和践行社会主义核心价值观，使全体人民在理想信念、价值理念、道德观念上紧紧团结在一起。实践证明，中国特色社会主义先进文化制度，具有强大的思想和精神凝聚力，能够为中国特色社会主义事业提供源源不断的精神动力和文化滋养。

（八）以人民为中心的民生保障制度的优势

民生好坏往往决定着民心向背，民心向背往往决定着国运昌衰，这是古今中外的一条历史公理。党的十九届四中全会首次提出了民生保障制度的概念，明确要坚持和完善民生保障制度，满足人民日益增长的美好生活需要，这是对人民向往更加美好生活的回应。新中国成立以来，我们党始终践行全心全意为人民服务的根本宗旨，坚持发展为了人民、发展依靠人民、发展成果由人民共享。改革开放后，我们在鼓励一部分地区一部分人先富起来的同时，坚定不移走共同富裕道路。党的十八大以来，以习近平同志为核心的党中央坚持以人民为中心的发展思想，在保障和改善民生、朝着共同富裕目标持续迈进方面取得重大历史性成就。1949—2019 年，我国人均预期寿命从 35 岁到 77.3 岁，教育程度从 80% 以上的文盲率到劳动年龄人口平均受教育年限10.7年,城镇人均住房建筑面积从8.3平方米到39平方米……特别值得自豪的是,2020年底,我们如期实现了第一个百年奋斗目标,在中华大地上全面建成了小康社会,历史性地解决了绝对贫困问题。实践证明,中国特色社会主义的民生保障制度,能够真正实现好维护好发展好最广大人民的根本利益,使改革发展成果更多更公平地惠及全体人民,实现全体人民共同富裕。

(九)改革创新的制度优势

改革开放是坚持和发展中国特色社会主义的必由之路。改革开放40多年来,我们党领导人民坚持解放思想、实事求是、与时俱进、求真务实,不断结合发展变化的实际,勇于探索创造,不断改革创新,形成和发展党的领导和经济、政治、文化、社会、生态文明等各方面制度,不断加强和完善了国家治理,国家制度和国家治理体系在实践中显现出强大适应性和旺盛生命力,在国际竞争中也不断赢得更大的比较优势。特别是党的十八大以来,我们确立了全面深化改革总目标,通过涉险滩、啃硬骨头的全面深化改革,理论创新、实践创新、制度创新、文化创新以及其他各方面创新全面加强,经济体制、政治体制、文化体制、社会体制、生态文明体制和党的建设制度全面完善。实践证明,改革开放是党和人民大踏步赶上时代的重要法宝,创新是一个国家兴旺发达的不竭动力。中国特色社会主义制度和国家治理体系既始终坚持科学社会主义基本原则,又善于在改革创新中自我完善和发展,是完全能够守正创新、把社会创造活力充分激发出来的。

(十)中国特色人才制度的优势

“千秋基业,人才为本。”能否培养造就更多更优秀的人才,是衡量一个国家的社会制度和国家治理体系是否具有优势的一个重要标尺。新中国成立以来,特别是改革开放以来,我们党在干部工作、人才工作上制定实施一系列方针政策,实施人才强国战略,形成了中国特色人才制度,我国的人才事业获得长足发展,人才规模迅猛扩大。截至2022年6月底,我国人才资源总量已达到2.2亿人,党政人才、企业经营管理人才、专业技术人才、技能人才等各方面人才队伍不断发展，人才流动和配置效率不断提高，人才创造活力不断增强。实践证明，中国特色社会主义的人才制度，能够充分挖掘我国人力资源大国潜力，把全社会各方面优秀人才不断集聚到党和人民的伟大事业中来，形成各类人才创造活力竞相迸发、聪明才智充分展现的生动局面。

（十一）党对军队绝对领导的制度优势

人民军队是中国特色社会主义的坚强柱石，党对军队的绝对领导既是我军建军的根本原则，也是我国的一项基本军事制度。这一重要制度安排，发端于南昌起义，奠基于三湾改编，定型于古田会议，是人民军队完全区别于一切旧军队的政治特质，是人民军队的建军之本、建军之魂。新中国成立后，人民军队坚决听党指挥，追歼残敌、驻守边疆、剿灭匪特，胜利进行抗美援朝战争和多次边境自卫作战，打出了国威军威，捍卫了祖国万里边疆和辽阔海空。改革开放新时期，人民军队在党的坚强领导下，坚持常备不懈，有力应对和坚决打击了一切危害国家主权、安全、发展利益的挑衅行为，同时积极完成了一系列重大工程建设、抢险救灾等急难险重任务。党的十八大以来，人民军队以党在新时代的强军目标为指引，坚决贯彻军委主席负责制，重整行装再出发，实现了政治生态重塑、组织形态重塑、力量体系重塑、作风形象重塑，革命化现代化正规化水平不断提高。实践证明，党对军队绝对领导的制度，能够确保人民军队以党的旗帜为旗帜、以党的方向为方向、以党的意志为意志，能够有力保障国家主权、安全、发展利益，能够在中国特色强军之路上不断迈出坚实步伐。

（十二）“一国两制”的制度优势

“一国两制”是党领导人民实现祖国和平统一的一项重要制度，是中国特色社会主义的一个伟大创举。香港、澳门回归祖国以来，我们全面贯彻“一国两制”、“港人治港”、“澳人治澳”、高度自治的方针，依照宪法和基本法对特别行政区行使全面管治权，“一国两制”实践取得举世公认的成功。从澳门看，回归祖国以来的 20 多年是澳门历史上经济发展最快、民生改善最大的时期，也是澳门同胞共享伟大祖国尊严和荣耀感最强的时期。从香港看，无论是始终保持国际金融、航运、贸易中心地位，还是成功抵御非典疫情和两次金融危机；无论是法治指标从回归前的69.85分提高到2020年的91.83分，还是多年被众多国际机构评选为全球最自由经济体和最具竞争力的地区之一，都向世人昭示了“一国两制”是完全符合香港实际的。1997年至2021年，香港GDP总量从1.37万亿港元增长至2.86万亿港元，人均GDP由19.20万港元增至38.71万港元，翻了一番。而且随着粤港澳大湾区建设的推进，港澳地区融入国家发展大局、实现自身发展的空间和前景更加广阔。实践证明，“一国两制”是解决历史遗留的香港、澳门问题的最佳方案，是最终实现祖国完全统一的最佳方案。

（十三）对外开放和外交方面的制度优势

对外开放是我们的基本国策，是当代中国的鲜明标识，在对外开放中坚持独立自主，把二者紧密结合和统一起来，是我们党的基本方针。当今世界是一个开放的世界，中国要发展，必须对外开放；作为一个人口众多的发展中的社会主义大国，中国必须把发展的基点始终放在独立自主、自力更生上。因此改革开放以来，我们既打开国门搞建设又坚定不移走自己的路，既大力实施引进来又积极主动走出去，不断为我国经济社会发展注入了新动力，增添了新活力，拓展了新空间。1979年至2018年，我国累计吸引非金融类外商直接投资2万多亿美元，设立近100万家外商投资企业。党的十八大以来，在以习近平同志为核心的党中央坚强领导下，我们积极推动形成全面开放新格局，主动参与全球治理体系改革和建设，提出构建人类命运共同体、“一带一路”建设等重要倡议，不断贡献中国智慧、中国力量、中国方案，赢得国际社会高度评价和积极响应。实践证明，中国特色社会主义的独立自主和对外开放相统一，使中国日益成为世界百年未有之大变局中的重要稳定器和强大正能量，在积极参与全球治理、推动构建人类命运共同体上的作用和优势越来越凸显。

四、中国特色社会主义制度优势的重大意义

中国特色社会主义制度体系是以马克思主义为指导、植根中国大地、具有深厚中华文化根基、深得人民拥护的制度和治理体系。新中国成立以来的巨大变化，改革开放以来的辉煌发展，当代中国之治与西方之乱的鲜明对照，历史实践和现实成就皆充分证明中国特色社会主义制度是最适合、最有效、最科学的制度体系，是推进当代中国发展进步的根本制度保障。这一制度体系的显著优势，在国际国内都具有重大意义。

（一）这一显著优势，极大地增强了中国特色社会主义制度自信

凡将立国，制度不可不察也。制度是国家治理的基本依据，是人类社会发展的基本保障，制度优势也是一个国家最大的优势。中国特色社会主义制度，是中国共产党和中国人民的伟大创造。中国这样一个拥有5000多年文明史和14亿多人口的大国，不可能照抄照搬他国的政治制度，否则“会水土不服，会画虎不成反类犬，甚至会把国家前途命运葬送掉。只有扎根本国土壤、汲取充沛养分的制度，才最可靠、也最管用”[①]。创建这样一套制度体系，没有现成的经验可以遵循，没有成功的范式拿来套用，只能靠我们在实践中去探索。中国特色社会主义制度，就是党和人民长期奋斗、接力探索的根本成就。这一制度“不是简单延续我国历史文化的母版，不是简单套用马克思主义经典作家设想的模板，不是其他国家社会主义实践的再版，也不是国外现代化发展的翻版”[②]，是我们独创的制度和治理体系。

创造制度不容易，创造出具有显著优势的崭新制度更不容易。中国特色社会主义制度，合乎中国国情，符合中国人民利益，在实践中显示出其显著优势和强大生命力。新中国成立以来，我国经济快速发展，大踏步赶上时代，用几十年时间走完发达国家几百年走过的工业化进程，综合国力和国际

① 习近平：《在庆祝全国人民代表大会成立60周年大会上的讲话》，人民出版社2014年版，第16页。

② 《习近平谈治国理政》（第二卷），外文出版社2017年版，第344页。

影响力显著提升。社会保持了长期稳定，人民安居乐业，中国成为国际社会公认的最有安全感的国家之一。可以说，在人类文明发展史上，还没有哪一种国家制度和治理体系，能够在这么短的历史时期内创造出这样的奇迹。制度创造使我们自信，制度具有显著优势就更使我们信心百倍，这是我们坚定制度自信的基本依据，是我们坚定道路自信、理论自信、文化自信的基本依据。而无论是制度优势，还是制度自信，都是国家制度和国家治理体系实践成就的凝结，是实践经验的升华，都合于国家制度和国家治理体系的内在本质。

这一制度体系十三个方面的显著优势，涵盖内容众多，涉及领域广泛，相互作用并互为补充，其中任何一个方面都有着非同寻常的价值，都发挥着深远影响。十三个方面的显著优势，充分彰显了我国国家制度和国家治理体系的不可或缺，鲜明印证了我国国家制度和国家治理体系的现实力量。因此，我们的制度自信不是盲目乐观，不是无源之水、无本之木，而是有充分理由和充足底气的。

（二）这一显著优势，有力地推动着中国特色社会主义制度体系的完善

制度是理念的凝结、实践的积淀。人类历史表明，制度的建立和巩固，往往需要一个从不成熟到成熟的过程。英国从1640年发生资产阶级革命到1688年“光荣革命”形成君主立宪制度，用了几十年时间，而这套制度成熟起来所用的时间就更长了。美国从1775年开始独立战争，到1865年南北战争结束，新的体制才大体稳定下来，用了约90年时间。同样社会主义制度建设也不是一蹴而就、一劳永逸的，而是一个在自我调整与改革中不断实现自我完善的过程，中国特色社会主义制度是特色鲜明、富有效率的好制度，但还不是成熟定型、尽善尽美的制度，对照我国经济社会发展目标、人民群众的期待和百年未有之大变局中应对风险挑战的要求，我们的制度体系还有一些亟待改进的地方，需要进一步完善发展。

明确制度优势并坚定制度自信，可以凝聚起全党和全国各族人民的共识，为中国特色社会主义制度的贯彻执行，创造有利条件、营造良好氛围。制度自信是制度变革的基础，制度变革则可以进一步增强制度优势，提升制

度自信。推进制度变革,必须根据不断变化的实际,勇于研究新问题、解决新矛盾、开拓新思路,包括大胆吸收人类文明的一切有益成果,使中国特色社会主义制度体系更加完善与丰富,使中国特色社会主义制度的优越性更加充分彰显。邓小平曾指出:“我们的制度将一天天完善起来,它将吸收我们可以从世界各国吸收的进步因素,成为世界上最好的制度。”①习近平总书记也强调:“我们全面深化改革,不是因为中国特色社会主义制度不好,而是要使它更好;我们说坚定制度自信,不是要固步自封,而是要不断革除体制机制弊端,让我们的制度成熟而持久。”②

为此,党的十九届四中全会就完善和发展我国国家制度、推进国家治理体系和治理能力现代化,提出原则要求,作出整体部署和科学安排,突出强调要坚持和完善支撑中国特色社会主义制度的根本制度、基本制度、重要制度,着力固根基、扬优势、补短板、强弱项,构建系统完备、科学规范、运行有效的制度体系,并按照我们党成立 100 年、2035 年、新中国成立 100 年三个时间节点,明确制度建设的总体目标和基本方向,从坚持和完善党的领导制度体系、人民当家作主制度体系、法治体系、行政体制、基本经济制度、先进文化制度、民生保障制度、社会治理制度、生态文明制度、党对人民军队绝对领导制度、“一国两制”制度、和平外交政策、党和国家监督体系等领域,进行了完整规划和系统安排,描绘出一幅制度体系的全景图谱。对其中每一个领域,都着力突出重点、明确内容要素、指明构建路径,有针对性地进行合理设计和科学布局。这样明晰而详尽的规定,将进一步推进我国制度体系构建,使中国特色社会主义制度优越性不断增强,充分彰显。

(三)这一显著优势,确保了中国特色社会主义不断深化发展

中国特色社会主义是当代中国发展进步的根本方向,是改革开放以来党的全部理论和实践的主题,是党和人民历尽千辛万苦、付出巨大代价取得的根本成就。中国特色社会主义是既坚持科学社会主义基本原则,又具有

① 《邓小平文选》(第二卷),人民出版社 1994 年版,第 337 页。

② 中共中央文献研究室编:《习近平关于社会主义政治建设论述摘编》,中央文献出版社 2017 年版,第 8—9 页。

鲜明的实践特色、理论特色、民族特色、时代特色的社会主义，是包含中国特色社会主义道路、理论、制度、文化四位一体的社会主义。其中，中国特色社会主义道路是实现社会主义现代化、创造人民美好生活的必由之路；中国特色社会主义理论是指导党和人民实现中华民族伟大复兴的正确理论，是立足于时代前沿、与时俱进的科学理论；中国特色社会主义制度是当代中国发展进步的根本制度保障；中国特色社会主义文化是激励全党全国各族人民奋勇前进的强大精神力量。道路、理论、制度、文化紧密相连，互为支撑。制度离不开道路、理论、文化，同时又有力地促进道路、理论、文化的发展。中国特色社会主义制度完善了、发展了，显著优势充分彰显了，必然促进中国特色社会主义道路越走越宽广，促进中国特色社会主义理论越来越丰富，促进中国特色社会主义文化越来越先进。

党的十九届四中全会全面总结了党领导人民在我国制度建设和国家治理方面取得的成就、积累的经验、形成的原则，明确了我国制度体系构建的目标任务和重点，全面回答了“坚持和巩固什么、完善和发展什么”这个重大政治问题，为中国特色社会主义事业全面发展注入新的生机与活力，为社会主义现代化强国建设提供了制度引领。中国特色社会主义制度的完善发展，同时也是中国特色社会主义道路、理论、文化的完善发展；中国特色社会主义制度优势的彰显，同时也是中国特色社会主义道路、理论、文化优势的彰显。按照规划，到21世纪中叶，我们要实现第二个百年奋斗目标，使我国物质文明、政治文明、精神文明、社会文明、生态文明全面提升，实现国家治理体系和治理能力现代化，使中国特色社会主义制度更加巩固，建成富强民主文明和谐美丽的社会主义现代化强国，使中华民族以更加昂扬的姿态屹立于世界民族之林。

（四）这一制度优势，使科学社会主义在21世纪焕发出强大生机活力

从1848年《共产党宣言》发表至今，科学社会主义走过170多年的历史，历经从理论传播到革命运动，从一国实践到多国发展，从兴盛到挫折，从封闭建设到改革开放等多个时期。特别是在20世纪80年代末90年代初，苏联解体、苏共垮台、东欧剧变，世界社会主义遭受严重曲折，“社会主义失

败论”一度甚嚣尘上。在巨大压力面前，我们党带领人民坚守并发展了社会主义，在世界范围高举社会主义伟大旗帜，继承和发扬了科学社会主义。在全球新冠肺炎疫情大流行中，资本主义制度的弊端和国家治理危机不断显露，全球化遭遇更大的逆风和回头浪，世界处在更加不稳定不确定中。面对巨大挑战，我国在中国共产党的领导下，率先有效遏制疫情蔓延，强调各国携手应对，推动构建人类命运共同体，坚持并扩大对外开放，在引领全球化进程中推动社会主义新发展。在这一过程中，我国取得了世人瞩目的发展成就，创造了“当惊世界殊”的发展奇迹，彰显了中国特色社会主义制度的显著优势，开启了全面建设社会主义现代化强国的新征程，这不仅是东方社会主义大国的成功，更是世界社会主义的成功。中国特色社会主义新时代开启了世界社会主义发展的新境界，越来越多的世界人民看到了社会主义强大的生机和活力，增强了对社会主义的信心。这是对科学社会主义发展史的重要传承和延续。正如习近平总书记所说，中国共产党带领全国各族人民取得的伟大胜利，使具有500年历史的社会主义主张在世界上人口最多的国家成功开辟出具有高度现实性和可行性的正确道路，让科学社会主义在21世纪焕发出新的蓬勃生机。

（五）这一制度优势，为广大发展中国家推动社会发展贡献了中国智慧和中国方案

中国特色社会主义道路实际是具有中国特色的社会主义现代化发展之路。现代化是从传统农业社会向现代工业社会转变，实现人类文明发展飞跃的世界历史过程。在这一过程中，必然会涉及一个问题——怎样实现现代化，即实现现代化的模式问题。从历史上看，在新中国开始探索现代化建设道路之前，世界上已经存在两种类型的现代化模式，一种是资本主义现代化模式，一种是苏联社会主义现代化模式。由于欧美国家率先实现了现代化，掌握了现代化的话语权，他们极力鼓吹现代化就是西方化，受此影响，二战后不少发展中国家选择了西方现代化道路，然而几十年过去了，选择了西方道路的国家并没有迎来理想的光明前景，相反不少国家发展缓慢、困难重重，有的甚至陷入战乱之中。后发国家该如何实现自己的现代化？纵观中

国共产党对社会主义现代化建设的探索，既没有全盘西化，从而避免了资本主义现代化道路的弊端，又没有照抄照搬苏联模式，从而突破了苏联社会主义现代化道路的局限性。在坚持科学社会主义基本原则、借鉴人类优秀文明成果、把握中国具体实际的基础上，中国共产党人探索出一条适合本国国情的社会主义现代化道路，并把开拓正确道路与建立有效制度有机结合起来，确立了中国特色社会主义制度。中国特色社会主义制度开创了以民族复兴为目标的社会主义现代化道路，走出一条包括经济现代化、政治现代化、文化现代化、国家治理现代化、管党治党现代化等的全面现代化道路，不仅摆脱了发展中国家对西方国家的"路径依赖"，而且开辟了行之有效的新路。习近平总书记指出，中国特色社会主义道路、理论、制度、文化不断发展，拓展了发展中国家走向现代化的途径，给世界上那些既希望加快发展又希望保持自身独立性的国家和民族提供了全新选择，为解决人类问题贡献了中国智慧和中国方案。

第二章　中国特色社会主义制度优势的历史逻辑

中国特色社会主义制度在中国的确立，是社会历史向前发展的必然选择，是党和人民长期探索的结果。它既是对传统国家治理经验的创造性转化，也是对党和人民在近代对“中国之治”探索的批判性继承，还是新中国成立以来，尤其是社会主义基本制度确立后中国共产党和中国人民接续奋斗与自我完善的结果。中国特色社会主义制度的发展是在传承中革新、学习中反思、坚守中突破，进而不断健全和完善的过程。这一健全与完善的过程构成了中国特色社会主义制度形成与发展的历史逻辑，阐释了中国制度应时代形势变化而发展、创新的伟大创举。

一、传统国家治理经验的历史传承

(一)崇尚统一的思想认同

中国历来是一个统一的多民族国家，崇尚统一体现在传统国家治理的方方面面。孔子是天下大一统观念的明确倡导者，他认为“天下有道，则礼乐征伐自天子出；天下无道，则礼乐征伐自诸侯出”。汉代的董仲舒极力推崇孔子的思想，并强调“《春秋》大一统者，天地之常经，古今之通谊也”。他提出的“天人感应”说和“罢黜百家，独尊儒术”的主张被汉武帝采纳。从孔子到董仲舒，儒学发展并成为中国2000多年封建社会的正统思想和主流意识形态。

崇尚统一在社会制度层面的落实经历了漫长的调整与完善过程。秦汉架构了大一统的政治体制。秦始皇吞并六国后，全面废除分封制度，推行郡县制度，辅之以编户齐民的户籍制度，在全国建立了一套自上而下的垂直管理体系，“百代皆行秦制”，大一统国家时代由此开启。自秦朝建立中国历史上第一个统一的多民族的中央集权国家以来，虽多次历经朝代更替、聚散分合，但不断走向大融合、大一统始终是中国历史进程的一个重要特征。汉朝除了承接秦制，还在经济上实行“盐铁专卖”制度，以此来保证中央财政集权。隋、唐、宋完善了官僚体制，贡献了三省六部制、科举制和成熟的文官制，激活了社会阶层的流动渠道，在一定程度上缓解了统治阶级与底层平民之间的矛盾。明清实现了民族整合，统治者通过尊奉程朱理学、恢复科举等措施巩固统治秩序，并加强了对今西藏、蒙古、台湾等边疆地区的有效统治。①

崇尚统一是中国传统政治智慧的精华，反映了历代中国人希望国家统一、民族团结、社会安定的美好愿望。这种思想认同早已升华为一种国家意识和民族自觉，内化为执政者的政治使命。中国特色社会主义制度构建同样遵循这种思想认同。广袤的疆域，统一的主权，多民族国家，深层的文化认同，这些国情特征决定了中国必须采取单一制国家结构形式，从而在国家权力体系建构中突出强调维护中央的权威。同时，在中国特色社会主义事业建设中，坚持党的集中统一领导，坚持党总揽全局、协调各方的领导核心地位，是党作为最高政治力量在治国理政中的必然要求。党中央可以按照全国一盘棋的要求统筹配置人财物等资源，自上而下强化对各级权力运行的制约和监督，遏制和粉碎各种敌对势力分裂、分化中国的图谋。比如：党的十八大以来，中央自上而下强化巡视制度，在一届任期内实现巡视巡察全覆盖，形成了反腐高压态势，净化了党内的政治生态，为构建一体推进不敢腐、不能腐、不想腐体制机制赢得了时间。党对军队的绝对领导制度，来自我们党对人民军队建设历史经验的科学总结，更是实现中华民族伟大复兴的现实所需。习近平总书记指出：“党对军队绝对领导的根本原则和制度，发端于南昌起义，奠基于三湾改编，定型于古田会议，是人民军队完全区别

---

① 陈立明：《“大一统”思想与中国国家建构》，《山东省社会主义学院学报》2021 年第 3 期，第 2 页。

于一切旧军队的政治特质和根本优势。”[①]近代中国的各种旧式军队之所以缺乏使命感和战斗力，很重要的一个原因就在于不知为谁打仗。人民军队是中国特色社会主义的坚强柱石，党对人民军队的绝对领导是人民军队的建军之本、强军之魂。只有全面贯彻政治建军各项要求，突出抓好军魂培育，坚决抵制“军队非党化、非政治化”和“军队国家化”等错误政治观点，让枪杆子永远掌握在忠于党的可靠的人手中，才能避免国家四分五裂，才能有效维护国家统一，才能促进经济社会稳定发展。

在意识形态领域，坚持马克思主义在意识形态领域指导地位的根本制度。中国共产党是马克思主义执政党，而不是别的什么政党。毛泽东很早就指出：“领导我们事业的核心力量是中国共产党。指导我们思想的理论基础是马克思列宁主义。”[②]中国共产党自成立之日起，就将马克思主义作为自己的指导思想，高举科学社会主义的大旗，在中国革命、建设和改革问题上始终坚持把马克思主义同我国实际结合起来，坚定不移地走自己的路。习近平总书记指出：“马克思主义是我们立党立国的根本指导思想。背离或放弃马克思主义，我们党就会失去灵魂、迷失方向。在坚持马克思主义指导地位这一根本问题上，我们必须坚定不移，任何时候任何情况下都不能有丝毫动摇。”[③]思想是行动的指南，行动层面的落实在很大程度上取决于思想层面的理解。现实当中，许多党员不合格，首先便是因为其在思想层面出现了问题。在多元文化中坚持马克思主义的一元指导，有利于在思想层面统一认识、凝聚共识。坚持马克思主义的指导地位，要求我们必须提高政治站位，坚持以习近平新时代中国特色社会主义思想武装头脑，自觉用发展着的马克思主义指导实践，推动全党增强“四个意识”、坚定“四个自信”、做到“两个维护”，自觉在思想上政治上行动上同党中央保持高度一致。

（二）制度设计的平衡理念

纵观中国政治制度演变史，可以看到皇权与相权的相互制约、中央与地

① 《十八大以来重要文献选编》（下），中央文献出版社2014年版，第811页。

② 《毛泽东文集》（第六卷），人民出版社1999年版，第350页。

③ 习近平：《论中国共产党历史》，中央文献出版社2021年版，第121页。

方的权力分配、行政与监察的相互协调，制度设计中无时无刻不体现出平衡的理念。在中央集权专制统治的古代，只有不同权力主体、政权机构之间保持相互平衡，才能有效促进国家发展和维持社会稳定。一旦平衡的局面被打破，国家就在权力天平的失衡中加速动乱和衰退。可见，平衡制约在一定程度上决定了政治经济稳定度。

皇权至上是中国2000多年封建社会的基本特征，立法、司法、行政等各项权力在理论上都掌握在皇帝手中。但是，皇权实际效能的发挥在实践层面受到显性制度和隐形制度的双重制约。宰相制度原本是为了辅助帝王管理国家，但在实际运作中却对皇权起到了一定的制约作用，使得皇帝在决策朝堂大事时不得不考虑以宰相为代表的文官集团的意见。宋代以前，有拜相一说，即皇帝本人亦需向宰相行回拜之礼。宋代以后，虽取消拜相的礼仪，但宰相一职权力几乎大到了平分皇权的地步。明朝初年，传统的宰相制度已经严重影响皇权，最终被朱元璋废除，取而代之的是内阁制度。皇权与相权之争的根本原因在于：封建社会皇权至上，废除相权不利于政事的高效处理，但相权过高又容易造成相权威胁甚至架空皇权的局面。皇权与相权就在这样的矛盾与纠结中制衡依存。

中央与地方的平衡也是中国社会制度发展的重要特征。中央权力和财政过度集中，容易造成地方事权与财权的不匹配；如果地方权力过大或财政份额过大，则容易导致中央宏观调控乏力，威胁社会稳定。唐朝“安史之乱”后，主要问题就在于地方藩镇实力过强，导致中央权力旁落。宋朝之所以被称为“弱宋”，主要问题之一就在于中央与地方的发展极不平衡。军事、政治、财政等各项大权基本上都被最大限度地集中到了中央：军事上，解除禁军将领的兵权，在中央设枢密院掌调兵权，经常调换军队将领并让文官去地方带兵；政治上，在中央通过设立多重机构分割宰相的事权，在地方派文臣担任各地州县的长官——知州，并设置通判分知州之权；财政上，取消节度使收税的权力，在地方设置转运使，除地方必要开支外将地方财富悉数转运到中央。

不同职能部门之间同样存在互为平衡的权力制约关系。在制度设计中，三省六部制中的三省官制，即中书省、门下省、尚书省在决策、审议、执行等环节各有分工，相互合作且相互制约。区别于三公九卿制中各部门的独立运行机制，三省六部之间的相互平衡制约主要体现在各部门的职能不同。中书省是出令部门，根据集体商议结果起草文件；门下省对中书省草拟的诏令进行复核审议，如有瑕疵可予以驳回；尚书省是执行部门，负责执行诏令所发布的内容。理论上，三省相互分工，任何一个都无法单独凭借手中的权力自行其是。这种分层决策机制使得政务处理中的每一个环节都会受到上一个职能部门和处理流程的约束和监督。尤其是在面临人为的权力干涉时，监察的作用就显现出来。众所周知，当唐太宗骄傲于"贞观之治"而生活奢侈起来时，魏徵就劝勉他要"居安思危，戒奢以俭"。

事物之间的平衡与协调构成了彼此相对稳定存在与发展的条件。国家权力体系是一个由多种权力机构组成的网络体系，其内部结构分工决定了不同权力机构之间相互协作而又相互制约的格局，这就需要通过治理体系现代化达成长治久安的目标，而现代化的治理体系同样深受历史惯性的影响。尽管世界上没有绝对的平衡发展，但在制度设计中关照中央集权与地方分权相结合、直接民主与间接民主相结合、政府权力与市场效力相结合，无疑有助于在不同主体不同模式的相对平衡发展中实现善治。比如：在采取单一制的基础上，实行民族区域自治和特别行政区制度，尊重特殊区域历史演进的差异性，有助于达到维护民族团结和国家统一的治理效能。

当我们在构建和完善中国特色社会主义制度时，既需要充分考虑到传统理念与现代治理间的价值平衡，又需要抱定发展社会主义民主政治的目标导向。中国的民主是人民民主，其本质和核心是人民当家作主，在制度设计层面，集中体现于人民代表大会制度。我国五级人大代表的选举，分别采取直接选举和间接选举的办法。其中：县乡两级人大代表通过直接选举的办法产生，全国人大代表、省级（包括省、自治区、直辖市）人大代表、设区的市和自治州人大代表通过间接选举的办法产生。在实际过程中，县乡两级人民代表大会是基层国家权力机关，是我国地方国家政权的重要基础，是实现基层民主的有效形式。县乡两级人大代表约占我国五级人大代表总数的95%，是党和国家联系广大人民群众的桥梁、纽带。人民代表大会制度体现了广泛的人民民主，同时中国的国情又决定了中国的民主必须是有秩序的、强调集中统一的。党的民主集中制原则对此作了有益指导。党的各级委员会实行集体领导和个人分工负责相结合的制度。凡重大问题都要按照集体领导、民主集中、个别酝酿、会议决定的原则，由党的委员会集体讨论，作出决定；委员会成员要根据集体的决定和分工，切实履行自己的职责。这是对党的集体领导制度的丰富和发展，实现了民主与集中的有机统一。

同样，在坚持和完善社会主义基本经济制度时，我们党坚持“两个毫不动摇”，既毫不动摇巩固和发展公有制经济，又毫不动摇鼓励、支持、引导非公有制经济发展，积极探索公有制多种实现形式，发展混合所有制经济，在确保社会主义不变色的同时最大限度地激发市场活力，这是国有资本发展和私人资本经营之间的平衡与互补。在分配领域，既坚持按劳分配为主体，又尊重多种分配方式并存；既强调提高劳动报酬在初次分配中的比重，又健全以税收、社会保障、转移支付等为主要手段的再分配调节机制，同时重视发挥第三次分配的有益补充作用，这是效率与公平之间的平衡。既鼓励个人勤劳致富，又通过增加低收入者收入、扩大中等收入群体、调节过高收入、取缔非法收入等举措抑制贫富差距，这是个人发展与社会和谐之间的平衡。

（三）德法共治的治理模式

德治通过价值认同发挥软约束作用，促使人们在道德自省中追求真善美。法制以硬性法律制度规定人们的行为底线，具有强制性。德治与法制作为社会治理的两种方式，一阴一阳，刚柔相济，相互补充，共同为构建良好的社会秩序而发挥作用。在中国传统社会，法制的强制性和制度化特征，对于维护和巩固社会秩序大有裨益。正因如此，古代统治者大都习惯将法制作为一种统治工具，使得中国2000多年封建社会呈现出长期的“外儒内法”治理特征。然而，在一家一姓的皇权下，法家虽然早早提出“法不阿贵，绳不挠曲”“刑过不避大臣，赏善不遗匹夫”等思想，但在实际执行中有时却难逃“刑不上大夫”的嫌疑。时至今日，区别于“法制”的以法而治，“法治”则是依法而治。相对于“人治”而言，法治要求人人严格依法办事，拒绝当权者的任性，这是德法共治中法的社会进步性所在。

在德与法的关系上，早在2000多年前，周公就曾提出“敬德保民”“明德慎罚”，孔子提出“为政以德”，荀子主张“隆礼重法”，《汉书·贾谊传》中则言：“夫礼者禁于将然之前，而法者禁于已然之后，是故法之所用易见，而礼之所为生难知也。……然而曰礼云礼云者，贵绝恶于未萌，而起教于微眇，使民日迁善远罪而不自知也。”[①]可见，中国传统社会治理历来主张“德主刑慎”，统治者通过潜移默化的道德教化使社会达到“礼治”的效果，倡导以道德教育和调解为主，而刑罚只是作为说理不通情况下或惩罚伤天害理者的特殊手段。[②] 德法共治是中国传统社会治理的基本经验。历代凡为盛世者，皆以德法互补治国。在德法共治的治理模式下，中国传统社会的圣贤观念和道德约束得到强化。官员在追求自身利益的同时深受伦理道德规范的约束，在履职尽责的过程中要顾及自身的道德示范作用。士大夫不仅要为老百姓的实际利益着想，还要在修身立德中追求“青天”人格；清廉贤明的官员不仅要满足老百姓的生产生活需求，还要在伦理道德方面身体力行，成为众人可以信赖的道德模范。因此，我们看到王阳明在建功立业的同时立德立言，看到曾国藩在文武成就斐然的同时始终不忘修身自律。

在当代中国，传统政治伦理依然强烈影响着官员的行动逻辑和政府的施政理念。官员在行使权力的过程中常态化地接受理想信念教育，强化廉洁自律约束。政府在治理过程中承担着明显有别于西方国家的政府责任，比如：美国政府是有限责任政府，民主党和共和党在轮流执政的过程中可以推卸责任，官员在面临烂摊子的时候可以通过辞职逃避责任；而中国政府及其官员则必须在履职尽责中让人民满意，疫情防控就是最好的试金石。中国共产党一经诞生，就把为中国人民谋幸福、为中华民族谋复兴确立为自己的初心使命。党的十九届四中全会提出建立不忘初心、牢记使命的制度，把不忘初心、牢记使命作为加强党的建设的永恒课题和全体党员、干部的终身课题，就是为了确保全党恪守党的性质和宗旨，夯实党执政的思想基础。

党的十八大以来，以习近平同志为核心的党中央谋篇布局、审时度势，将德法共治思想运用到中国运行的轨道之中，并将其推向新的历史高度。

---

① 《汉书·卷四十八·贾谊传》，中华书局1962年版，第2252页。

② 孙阳阳：《信访制度中的传统文化要素及其现代转型》，《改革与开放》2019年第6期，第127页。

习近平总书记在中央全面依法治国工作会议上强调,坚持依法治国和以德治国相结合,实现法治和德治相辅相成、相得益彰。党的十九届五中全会强调,健全党组织领导的自治、法治、德治相结合的城乡基层治理体系。当前,坚持在法治轨道上推进国家治理体系和治理能力现代化,更加需要一手抓德治、一手抓法治,充分发挥法律和道德共同规范社会行为、调节社会关系、维护社会秩序的重要作用。[①] 党的十九届四中全会审议通过了《中共中央关于坚持和完善中国特色社会主义制度 推进国家治理体系和治理能力现代化若干重大问题的决定》,其中不仅提到要坚持和完善中国特色社会主义法治体系,还明确提出要坚持以社会主义核心价值观引领文化建设制度。坚持依法治国和以德治国相结合,完善弘扬社会主义核心价值观的法律政策体系,把社会主义核心价值观要求融入法治建设和社会治理,体现到国民教育、精神文明创建、文化产品创作生产全过程,新时代的德法共治思想清晰可见。社会主义核心价值观作为社会主义核心价值体系的内核,其有效推行需要中国特色社会主义法治体系作为保障,依靠法律的权威性增强人们培育和践行社会主义核心价值观的自觉性,并在提升全社会文明程度的过程中反过来推进中国特色社会主义法治体系的构建。

二、党和人民在近代对"中国之治"的探索

一个国家的兴衰取决于政治、经济、文化等多种因素的影响,但最重要的还是取决于制度。制度作为最关键的因素,对国家的发展起着决定性作用。近代以来,中国社会的衰落,固然有多种原因,但其最主要的原因还是在于制度的滞后。毛泽东在谈到中国之所以长期受帝国主义列强欺侮时,强调其主要原因有两个:"一是社会制度腐败,二是经济技术落后。"[②]腐朽没落的封建制度,不仅严重阻碍了中国社会的发展,也使中国失去了同西方资本主义制度抗争的能力。落后就要挨打,贫弱必然受欺。这种严峻的现实

① 《从德治法治并重传统中汲取治理智慧》,《人民日报》2021 年 2 月 3 日,第 15 版。
② 《毛泽东文集》(第八卷),人民出版社 1999 年版,第 340 页。

让中国人自鸦片战争后就有了变革社会制度、实现强国富民的新追求。

近代以来，面对中国落后挨打的悲惨场景，无数致力于中国社会变革的仁人志士都在思考同一个问题，那就是实行什么样的主义、建立什么样的制度，才能挽救国家和民族的前途命运。“睁眼看世界”的先进知识分子听闻或目睹了民主革命、科技革命及资本主义制度给西方国家带来的社会繁荣与进步，把发展资本主义视为医治中国贫穷落后的良方妙药，主张“以欧美为师”，实行资本主义制度。比如，洋务派坚持“中学为体，西学为用”，主张在不触动封建制度根基的前提下，学习西方先进的科学技术，达到巩固封建统治的目的，最终以甲午战败收场。康有为、梁启超则强调还要学习西方先进的制度，通过发起维新变法运动，意图实行君主立宪制，结果以宫廷政变、光绪被囚草草收尾。辛亥革命推翻了封建专制制度，结束了中国数千年的封建统治。孙中山等人试图按照西方国家的制度模式，用资产阶级共和国方案改造中国，但没有取得成功，徒留下革命果实被袁世凯窃取的一声叹息。尔后，北洋军阀与国民党新军阀接续统治，仍旧刻意效仿西方国家的制度模式，无法使中国摆脱帝国主义、封建主义、官僚资本主义的束缚，自然也就无法解决民族独立、人民解放问题，其结果是：列强欺压，民生凋敝，权力混乱交替，社会茫然失序。

十月革命一声炮响，为中国送来了马克思列宁主义，也为中国的社会改造和制度更新提供了一种全新的选择。习近平总书记指出：“一个国家实行什么样的主义，关键要看这个主义能否解决这个国家面临的历史性课题。”①中国共产党自成立之日起，就担负起领导人民实现民族独立、人民解放和国家富强、人民幸福的历史重任，就选定用马克思主义观察中国，用社会主义拯救国家和民族的前途命运。为此，中国共产党领导中国人民进行了“中国之治”的诸多探索，也为中国特色社会主义制度的形成和发展奠定了基础。

（一）早期共产党人对新的社会制度的向往

早期共产党人提出，要改变四分五裂的状态必须进行政治革命，推翻封

---

① 《十八大以来重要文献选编》（上），中央文献出版社2014年版，第109页。

建反动势力的统治，建立独立的民主共和国。陈独秀在《怎么打倒军阀》一文中认为，只有建立一个统一的共和国，才能从根本上改变中国军阀混战的局面，提出打倒军阀，建立新的国家。十月革命胜利后，一些具有先进思想的知识分子开始对革命道路进行新的思考与探索。李大钊、陈独秀等通过学习和研究马克思的著作，认识到社会主义道路是解决中国民族独立问题的唯一道路，开始积极宣传马克思主义。在经济上，主张社会主义生产资料公有制，发展社会主义经济，捍卫劳工在劳动产品分配中的权利。在政治上，主张通过阶级斗争的方式建设社会主义政权，批判资产阶级民主，实行社会主义民主。在文化上，认为社会主义文化应该对外开放，并对传统文化进行与时俱进的改造。这些观点构成了中国人对社会主义的初步理论认知。五四运动以后，马克思主义在中国得到广泛传播，“走社会主义道路”“建立社会主义国家”成为早期共产党人的共同追求。

中国共产党自成立之日起，就明确把马克思主义作为指导思想，旗帜鲜明地把实现共产主义作为自己的远大奋斗目标，提出“消灭资本家私有制，没收机器、土地、厂房和半成品等生产资料，归社会公有”[①]。中国共产党第二次全国代表大会分析了国内国际形势和中国社会性质，提出当时党的奋斗目标是：消除内乱，打倒军阀，建设国内和平；推翻国际帝国主义的压迫，达到中华民族的完全独立；统一中国为真正的民主共和国。党的二大纲领实际上制定了党在当时阶段反帝反封建的民主革命纲领，即最低纲领；同时又提出了实现共产主义的最高纲领。可见，早期中国共产党人倡导建立的社会主义国家以公有制为基础，对旧中国的经济制度、政治制度、社会制度进行全方位的系统变革，这同以私有制为基础的封建制度和资本主义制度相比具有巨大的历史进步性。

（二）中国共产党局部执政时期的制度探索

大革命时期，中国共产党确定了建立国共合作统一战线的策略方针，决定共产党员以个人身份加入国民党，共同进行和发展国民革命运动。然而，

① 《建党以来重要文献选编（1921—1949）》（第一册），中央文献出版社2011年版，第1页。

处在幼年时期的中国共产党对中国革命规律认识不足，缺乏斗争经验，对于武装斗争和无产阶级领导权问题没有给以应有的重视，结果付出了惨烈的代价，大量党员和革命群众惨死在反动军阀的屠刀之下。

大革命失败以后，中国共产党积极展开武装斗争，并建立了“工农武装割据”的革命根据地。随着革命根据地的建立和迅速发展，中国共产党开始考虑建立新型国家政权问题，以便更好地巩固革命成果。1931 年 11 月，中国共产党在江西革命根据地创建了中华苏维埃共和国，并成立了临时中央政府，开启了建立人民政权的初步实践。这一新型国家政权，实质上是中国共产党领导的反对帝国主义、封建主义的人民政权组织。“苏维埃的第一个任务就是武装民众，组织坚强的铁的红军，组织地方部队与游击队，组织关于进行战争的给养与运输。”①经济建设、文化建设等其他工作都是围绕武装斗争这个中心任务来进行的。这个时期，我们党在制度建设上获得的初步认识与经验便是，要加强党对革命根据地的统一领导，并根据革命中心任务适时调整政权组织形式。

1937 年，随着国共合作抗日局面的形成，苏维埃政权正式宣告结束，中国共产党领导的陕甘宁边区政府成为中华民国的一个特别行政区。在抗日根据地，中国共产党建立了新型民主政权，并在制度建设方面进行了许多新的探索。在民主政权建设方面，我们党创造性地实行了“三三制”原则，即在设置政权机构时，按照共产党员、党外进步人士、中间派各占 1/3 名额的原则进行名额分配。这种独特的制度设计有利于扩大抗日民主政权的力量构成，实现民主的广泛性，也从组织上保证了人民群众对于政权监督的真实性。毛泽东把“三三制”民主政权看作是“团结各个阶级共同抗日的最好的政治形式”，他还特别强调“革命胜利后更需要贯彻这种精神，团结各个阶级的人民，共同建设民主共和的新中国”。② 在选举方式方面，相较于苏维埃时期的间接选举，陕甘宁边区和各抗日根据地区、县、乡三级参议会均由选民直接选举产生。候选人的提名，采取各抗日党派、团体联合或单独推荐，选

① 《毛泽东军事文集》（第一卷），军事科学出版社、中央文献出版社 1993 年版，第 337 页。
② 《毛泽东年谱（一八九三——一九四九）》（中卷），中央文献出版社 2002 年版，第 393 页。

民联名推荐(至少10人以上)等三种方式。

抗日战争时期，在对新民主主义革命进行系统分析的同时，毛泽东还对新民主主义的国家政权建设进行了科学勾画，阐述了新民主主义的政治、经济和文化问题。1940年，毛泽东在《新民主主义论》中，开始使用“新民主主义共和国”“新民主主义社会”等概念，他说：新民主主义的政治、新民主主义的经济和新民主主义的文化相结合，这就是新民主主义共和国，这就是名副其实的中华民国，这就是我们要造成的新中国。[①] 关于新民主主义的政治，毛泽东在《新民主主义论》中指出，要建立在无产阶级领导下的一切反帝反封建的人们联合专政的共和国，即新民主主义的共和国；强调“国体——各革命阶级联合专政。政体——民主集中制”[②]。关于新民主主义经济，毛泽东指出，没收大银行、大工商业归共和国的国家所有，建立无产阶级领导下的具有社会主义性质的国营经济，作为国民经济的领导力量。同时，没收地主的土地，分配给无地的农民，实现“耕者有其田”的目标。但他认为新民主主义政权是过渡性质的政权，在经济十分落后的条件下，允许在过渡时期“资本主义一定程度地发展”，在坚持社会主义方向的前提条件下保护民族工商业在经济上有利于巩固刚刚建立的过渡政权，也容许富农经济的存在。关于新民主主义文化，毛泽东则指出，“所谓新民主主义的文化，就是人民大众反帝反封建的文化；在今日，就是抗日统一战线的文化。这种文化，只能由无产阶级的文化思想即共产主义思想去领导，任何别的阶级的文化思想都是不能领导了的。所谓新民主主义的文化，一句话，就是无产阶级领导的人民大众的反帝反封建的文化”，即“民族的科学的大众的文化”。[③]

抗日战争结束后，中国共产党在解放区实行人民代表会议这一新的政权组织形式。1946年4月，陕甘宁边区第三届参议会第一次大会通过的《陕甘宁边区宪法原则》规定：“边区、县、乡人民代表会议(参议会)为人民管理政权机关”，“人民普遍直接平等无记名选举各级代表，各级代表会选举政府

① 《毛泽东选集》(第二卷)，人民出版社1991年版，第709页。
② 《毛泽东选集》(第二卷)，人民出版社1991年版，第677页。
③ 《毛泽东选集》(第二卷)，人民出版社1991年版，第698、706页。

人员”,“各级政府对各级代表会负责,各级代表对选举人负责”。[①] 人民代表会议作为一种制度形式被确立起来。1948 年 11 月,党在《关于新解放城市中组织各界代表会的指示》中指出:“党所领导的人民代表会议是我们的组织武器,而各界代表会则可看做是人民代表会议的雏形。”[②]党在新民主主义革命时期的局部执政经验,尤其是关于政治、经济、文化建设的诸多思考,为新中国成立后的全面执政和制度确立积累了丰富的实践经验。

（三）中国共产党对新社会制度的构建

新民主主义革命时期,中国共产党以实现民族独立、人民解放为己任,一直在探索适合中国国情的制度。对于革命胜利后建立什么样的政权组织形式,实行什么样的社会制度,中国共产党也一直在实践中进行总结、调整和勾画。

一个国家实行什么样的政治制度、走什么样的政治发展道路,取决于这个国家的具体国情和历史文化条件。深谙中国国情的毛泽东早在 1942 年 2 月就提出了人民民主专政思想。1949 年 9 月,毛泽东发表了《论人民民主专政》,全面阐述了人民民主专政的性质和内容,指出“对人民内部的民主方面和对反动派的专政方面,互相结合起来,就是人民民主专政”[③]。1948 年 9 月 8—13 日,党中央在西柏坡召开了政治局扩大会议,即“九月会议”。毛泽东向会议提交书面报告,对新中国成立后的政权组织形式作了详细的设计和规划,强调:“我们政权的阶级性是这样:无产阶级领导的,以工农联盟为基础,但不是仅仅工农,还有资产阶级民主分子参加的人民民主专政。”[④]“人民民主专政的国家,是以人民代表会议产生的政府来代表它的。……我们采用民主集中制,而不采用资产阶级议会制。……在中国采取民主集中制是很合适的……不必搞资产阶级的议会制和三权鼎立等。”[⑤]在党的七届二中

---

① 秦刚:《中国特色社会主义制度研究》,中共中央党校出版社 2020 年版,第 20 页。

② 《共和国走过的路——建国以来重要文献专题选集(1949—1952)》,中央文献出版社 1991 年版,第 91 页。

③ 《毛泽东选集》(第四卷),人民出版社 1991 年版,第 1475 页。

④ 《毛泽东文集》(第五卷),人民出版社 1996 年版,第 135 页。

⑤ 《毛泽东文集》(第五卷),人民出版社 1996 年版,第 136 页。

全会上,毛泽东再次强调要巩固和强化无产阶级领导的人民共和国的国家制度,指出我们实行的人民代表大会制度与资本主义国家的议会制有根本区别,并指出“在内容上我们和苏联的无产阶级专政的苏维埃是有区别的,我们是以工农联盟为基础的人民苏维埃”①。由此可见,毛泽东对新中国的国家性质界定和政权组织形式构建始终立足于阶级基础之上,并在借鉴苏维埃制度的同时结合中国的特殊国情实行有别于苏联的社会制度。中国共产党构建的社会制度立足于工农联盟基础,团结了广大的民族资产阶级和小资产阶级,极大扩展了社会制度的阶级基础,具有极强的包容性。

中国政党制度正是基于人民民主专政的理论逻辑和“跳出政权兴亡历史周期率”的历史逻辑设计的。1945 年 7 月,黄炎培到延安考察。当毛泽东问黄炎培来延安考察有何感想时,黄炎培坦率地说:“我生六十多年,耳闻的不说,所亲眼看到的,真所谓‘其兴也勃焉’,‘其亡也忽焉’,一人,一家,一团体,一地方,乃至一国,不少单位都没有能跳出这周期率的支配力。……一部历史,‘政怠宦成’的也有,‘人亡政息’的也有,‘求荣取辱’的也有。总之没有能跳出这周期率。”毛泽东表示:“我们已经找到了新路,我们能跳出这周期率。这条新路,就是民主。只有让人民来监督政府,政府才不敢松懈;只有人人起来负责,才不会人亡政息。”有鉴于此,中国共产党始终强调要把各民主党派和无党派人士紧密团结起来并为着共同目标而奋斗。新中国成立前夕,毛泽东在中共七届二中全会上进一步强调:“我党同党外民主人士长期合作的政策,必须在全党思想上和工作上确定下来。”正是在这一思想指导下,创立了多党合作制度。新中国成立之初,对于我国民主党派是否继续存在的问题,党的第一代中央领导集体还设想在新组建的国家政权机关中,民主党派也有相应的职位。当然,“国家政权机关的领导权还是在共产党的手里,这是坚定不移的,丝毫不能动摇的”。这些构思都为构建中国共产党领导的多党合作和政治协商制度奠定了理论基础。

① 《毛泽东文集》(第五卷),人民出版社 1996 年版,第 265 页。

三、中国共产党和中国人民的接续奋斗

新中国成立以来，中国共产党团结带领中国人民，在社会主义革命、建设和改革的伟大实践中，确立了社会主义基本制度，为当代中国一切发展进步奠定了根本政治前提和制度基础。随着中国特色社会主义制度体系的建立和不断完善，中国共产党形成和发展了党的领导和政治、经济、文化、社会、生态文明等各方面制度，不断加强和完善国家治理，为中华民族从站起来、富起来到强起来的伟大飞跃提供了制度保证。

（一）确立社会主义基本制度

新中国成立以后，以毛泽东同志为主要代表的中国共产党人从我国当时的基本国情出发，对我国的社会主义制度建设作出了一系列思考和探索。1956 年，社会主义改造基本完成后，在我国全面确立了社会主义基本制度。

当时，以毛泽东同志为主要代表的中国共产党人亟待思考和解决的主要问题，就是“什么是社会主义，怎么建设社会主义”。毛泽东说，“我们的总目标，是为建设一个伟大的社会主义国家而奋斗”。1956 年 8 月 21 日，他在《对中共八大政治报告稿的批语和修改》中写了一段话：“所谓特殊的规律，就是各国的差别点……不可能设想，社会主义制度在各国的具体发展过程和表现形式，只能有一个千篇一律的格式。我国是一个东方国家，又是一个大国。因此，我国不但在民主革命过程中有自己的许多特点，在社会主义改造和社会主义建设的过程中也带有自己的许多特点，而且在将来建设社会主义社会以后还会继续存在自己的许多特点。”毛泽东不仅是新中国的伟大缔造者，也是这场深刻社会变革的领导者，是中国特色社会主义基本制度的主要奠基人。虽然毛泽东没有直接提出“中国特色社会主义”这个概念，但是这些思考和思想所焕发出的夺目光辉、所产生的深远社会效应，对此后的社会主义现代化建设均产生了深刻的影响，同时为社会主义理论向更高层次的发展和升华提供了基础和铺垫。

1956 年，我们党紧紧依靠人民完成了社会主义革命，确立了社会主义基

本制度。我们创造性地实现由新民主主义到社会主义的转变，使占世界人口 1/4 的东方大国进入社会主义社会，实现了中国历史上最广泛最深刻的社会变革。具体表现为：

一是在经济领域。在不断矫正急躁冒进的过程中，我党创造性地探索出了适合中国国情的社会主义改造道路。由于制度上采取了灵活的原则，于是在较短时间内实现了生产资料所有制的深刻变革。截至 1956 年，各种经济成分占国民经济的比重分别是，国营经济占比 32.2%，合作经济占比 53.4%，公私合营经济占比 7.3%，个体经济占比 7.1%，社会主义公有制已然成为我国经济制度的基础。

二是在政治领域。以经济基础为支撑的人民民主专政的国家机器更加强大，人民代表大会制度在我国人民政治生活中变为事实，成为我国的社会主义根本政治制度。1954 年 9 月，第一届全国人民代表大会在北京召开，这是我国最具广泛性的第一次民主实践。中国共产党领导的多党合作和政治协商制度继续健全，民族区域自治制度全面运行，我国的基本政治制度格局基本确立。

三是在文化领域。消灭一切形式的剥削要想获得成功，人民群众在思想上对社会主义制度的理解和认同至关重要。从一定意义上讲，这一任务比民主革命的影响还要深刻和艰巨，需要做长期的努力。毛泽东指出："一个崭新的社会制度要从旧制度的基地上建立起来，它就必须清除这个基地。反映旧制度的旧思想的残余，总是长期地留在人们的头脑里，不愿意轻易地退走的。"①面对这样的任务，我国文化领域坚持党的领导，坚持马克思列宁主义、毛泽东思想，发生了革命性变化，新型社会关系和积极向上的社会风气逐渐形成，成为社会主义制度的文化基础和共识基础，"为人民服务，为社会主义服务"方向、"百花齐放、百家争鸣"方针成为我国文化发展的指导原则。

1956 年，党的第八次全国代表大会宣布，社会主义的社会制度在我国已经基本上建立起来了。我们党团结带领各族人民，经过长期浴血奋斗，完成

① 《毛泽东文集》（第七卷），人民出版社 1999 年版，第 450 页。

了新民主主义革命，建立了中华人民共和国，确立了社会主义基本制度，成功实现了中国历史上最深刻最伟大的社会变革，为当代中国一切发展进步奠定了根本政治前提和制度基础。

（二）确立和发展中国特色社会主义制度

从党的十一届三中全会到党的十八大前夕，我们党鲜明地提出了走自己的路、建设有中国特色的社会主义，积极推进经济体制及其他体制改革，形成中国特色社会主义制度，不断完善国家治理，为改革开放和现代化建设提供了坚实的制度保障。

1. 邓小平提出“建设有中国特色的社会主义”

“建设有中国特色的社会主义”首次出现，是在 1982 年 9 月 1 日邓小平在中国共产党第十二次全国代表大会上所致的开幕词中。他指出：“把马克思主义的普遍真理同我国的具体实际结合起来，走自己的道路，建设有中国特色的社会主义，这就是我们总结长期历史经验得出的基本结论。”①党的十二大报告中，对“建设有中国特色的社会主义”的基本内容进行了初步阐述，提出了党在新时期的总体任务，以及我国社会主义现代化建设的战略目标、战略重点、战略步骤等一系列重要内容，这是建设有中国特色的社会主义理论的初步孕育。

1992 年 1 月 18 日至 2 月 21 日，邓小平先后赴武昌、深圳、珠海和上海等地视察，沿途发表了重要谈话。1992 年 1 月 19 日上午，邓小平抵达深圳，强调提出：“深圳的建设成就，明确回答了那些有这样那样担心的人。特区姓‘社’不姓‘资’。”②邓小平指出，社会主义建设特别是社会主义经济建设离不开市场，有市场的社会主义也是社会主义，计划并不是社会主义的代名词，市场也不是资本主义所独有的。“要害是姓‘资’还是姓‘社’的问题。判断的标准，应该主要看是否有利于发展社会主义社会的生产力，是否有利于增强社会主义国家的综合国力，是否有利于提高人民的生活水平。”③

① 《邓小平文选》（第三卷），人民出版社 1993 年版，第 3 页。
② 《邓小平文选》（第三卷），人民出版社 1993 年版，第 372 页。
③ 《邓小平文选》（第三卷），人民出版社 1993 年版，第 372 页。

邓小平南方谈话突破了以往对社会主义的传统认识,特别是在对计划和市场关系的认识上有了重大突破。南方谈话进一步厘清了计划和市场的关系,将“三个有利于”作为衡量一切工作是非得失的判断标准,从根本上解决了在改革开放中迈不开步子、放不开胆子等一系列现实问题。自“南方谈话”后,中国社会逐渐放宽了“计划”,容纳了“市场”,迈开了中国社会主义市场经济体制建设的改革步伐。

2. 中国特色社会主义制度形成和不断发展

以党的十一届三中全会为标志,社会主义制度在我国的完善和发展进入一个新的时期。改革开放促进了社会主义在中国的创新发展,也促进了中国特色社会主义制度的形成和发展。

“文化大革命”结束以后,尤其是党的十一届三中全会以后,我们党对社会主义发展的历史经验和教训进行了深入的思考和总结,深刻认识到制度问题关乎国家的生死存亡,只有加强和搞好制度建设,才能保障党和国家的长治久安,才能使社会主义各项事业获得持续健康的发展。而十年“文化大革命”恰恰暴露了党和国家在制度建设方面存在的突出问题。党从历史教训中认识到加强制度建设迫在眉睫,这一强烈愿望与实行改革开放和推动社会发展的客观需要相结合,凝聚成创新中国特色社会主义制度建设的内在动力。从党的十一届三中全会到十四大,在制度建设方面,我们党进行了以下方面的探索和尝试:

一是改革党和国家领导制度。这一改革内容是这一阶段政治体制改革的核心。我们党恢复了在“文化大革命”中遭受冲击的党和国家的组织领导结构,形成了国家机构在党的政治领导下开展工作的基本格局;明确了党政职能分开和党在国家法律范围内活动的基本原则,初步厘清了党与政、党与法在理论和制度上的关系;废除了领导干部职务终身制,逐步改革党和国家干部人事制度。

二是恢复和发展了人民代表大会制度、中国共产党领导的多党合作和政治协商制度、民族区域自治制度,建立了基层群众自治制度的基础,并创造性地提出了“一国两制”的科学构想。以1978年五届全国人大一次会议的召开为起点,人民代表大会制度开始全面恢复并不断健全。一方面重新确定了人民代表大会的地位与职权，明确了党对人民代表大会只存在政治上的领导关系，不存在组织上的上下级关系；另一方面设立民族委员会、法律委员会、财经委员会等专门机构，特别增设了全国人大常委会“制定和修改除应当由全国人民代表大会制定的法律以外的其他法律”[①]的职权，使人大常委会和人民代表大会一样，都是行使国家立法权的机关。党的十一届三中全会以后，党拨乱反正，为大批民主党派成员正名、“摘帽”，从此各民主党派可以“参政党”的身份参政议政，积极为党和政府建言献策。在基层民主建设方面，这一时期也取得较大进展。1982 年宪法正式取消人民公社体制，提出设立街道居民委员会和农村村民委员会基层群众性自治组织，促进了基层社会建设和农村经济发展；在企事业单位，还广泛建立工会组织和职工代表大会。“一国两制”构想是实现祖国统一的新创造，也是中国特色社会主义制度最具特色的一个内容。“我们的社会主义制度是有中国特色的社会主义制度，这个特色，很重要的一个内容就是对香港、澳门、台湾问题的处理，就是‘一国两制’。”[②]“一国两制”创造性地把社会主义和资本主义两种对立的制度包容于一个统一的国家政权内，是中国特色社会主义制度建设和发展进程中一项重要的制度，是对马克思主义国家理论和实践的重大发展。

三是完善我国基本经济制度，逐步确立起建立社会主义市场经济体制的改革思路。新中国成立后，我国逐步确立了社会主义公有制的经济制度，并借鉴苏联经验建立了高度集中的计划经济体制。改革开放以来，党对社会主义经济制度和经济体制有了更为深刻的认识，提出了党在社会主义初级阶段的基本经济制度，对原来的社会主义经济制度及其体制进行调整。这些调整主要包括两个方面：一是调整之前过分追求单一公有制的思路，逐步允许非公有制经济的存在和发展；二是逐步改变高度集中的计划经济体制。这两方面的调整相互作用、相互影响，共同推进了中国特色社会主义经济制度的创新和发展。

---

① 《十二大以来重要文献选编》（上），中央文献出版社 2011 年版，第 200 页。
② 《邓小平文选》（第三卷），人民出版社 1993 年版，第 218 页。

四是逐步推进社会主义法治建设，为中国特色社会主义法律体系的形成奠定了基础。“文化大革命”结束后，党认识到强调法治建设的重要性，主要从四个方面认识到法治建设的重要意义：一是用法律保证国家民主制度；二是用法律处理社会关系；三是用法律保护公民权利；四是用法律来治理国家。这些思想虽然只是初步思考，但是对法治建设和“依法治国”方略的提出具有重要的指导意义。在这一时期，中国特色社会主义制度主要处在修复性建设时期。首先复原了在“文化大革命”中被破坏了的基本制度和制度体系，同时，在复原过程中对原有体制的弊端进行了初步变革。这两方面内容互相联系、不可分割，共同构成了中国特色社会主义制度的创新实践。

党的十四大以后，我国的基本经济制度和各项民主政治制度基本形成，特别行政区制度也在香港和澳门成功实践，建立在基本政治、经济制度基础上的体制和具体制度不断调整，逐步适应社会主义的价值要求和改革开放以来社会发展的实践需求，同时，以宪法为核心的社会主义法律体系建设也取得了重大进展。到党的十六大召开时，中国特色社会主义制度建设取得了很多实质性的成果，具有中国特色的社会主义制度体系初步形成。

首先，社会主义基本经济制度逐步完善，社会主义市场经济体制初步建立。在社会主义条件下，建立什么样的所有制结构，实行什么样的经济体制，是社会主义建设的重大理论和实践问题。党的十四大以后，党继承了改革开放以来在所有制结构领域改革与实践的基本共识，就是既要保证所有制结构中公有制的主体地位，保证社会经济基础的社会主义性质，又要允许非公有制经济形式的存在和发展。

其次，政治体制改革进一步深入，各项民主政治制度进一步发展和完善。一是完善人民代表大会制度，主要是完善人民代表大会的代表选举制度和人大对国家机关和工作人员的监督机制，积极推进全国人民代表大会的立法工作和普法宣传工作；二是进一步完善各项民主政治制度，包括完善中国共产党领导的多党合作和政治协商制度、基层群众自治制度，确立了民族区域自治制度，并在特别行政区基本法指导下恢复行使对香港和澳门地区的主权；三是积极推进国家机构改革，消除政企不分的组织基础，逐步建立适应社会主义市场经济体制的中国特色的政府行政管理体制。

最后,确立依法治国的基本方略,以宪法为核心的中国特色社会主义法律体系框架基本形成。随着改革的深化,党对法治建设不断提出新的任务和要求,以应对经济社会发展过程中出现的新情况、新问题。党的十四大提出在20世纪末初步建立适应社会主义市场经济的法律体系,党的十五大进一步提出了到2010年形成中国特色社会主义法律体系的任务。日趋完备的法律体系和日渐成熟的民主政治制度,以及日益深入的市场经济改革,为依法治国方略的提出奠定了基础。

这一阶段的制度改革和完善不仅仅是在某一领域或某一层面展开的,更是从多个领域、多个层面展开的,体现了综合性和互动性。当然,这一时期中国特色社会主义制度的体系构建还只是初步的,还需要实现各个领域和各个层面制度的贯通和衔接。

党的十六大以来,党紧紧围绕全面建设小康社会的奋斗目标,实现了中国特色社会主义制度的创新和发展。党的十七大从经济、政治、文化、社会四个方面论述了中国特色社会主义制度建设的基本要求,丰富了中国特色社会主义制度建设的基本思路。2011年,胡锦涛"七一"讲话首次提出了"中国特色社会主义制度"的概念,阐述了中国特色社会主义制度的内涵、特点和优势。2012年,党的十八大阐述了中国特色社会主义制度与中国特色社会主义道路和理论体系的基本关系,强调全党要坚定中国特色社会主义的制度自信,标志着中国特色社会主义制度基本形成。

首先,社会主义市场经济体制逐步成熟,中国特色社会主义基本经济制度进一步完善。社会主义市场经济体制,从改革开放初期开始探索,到20世纪90年代确立目标,至20世纪末,在我国已经初步建立。

其次,以实现人民民主为目标,各项民主政治制度进一步健全、完善和发展。人民代表大会制度不断健全,保证了人民当家作主。中国特色社会主义各项基本政治制度显现了民主的制度化和程序化。党的领导方式和执政方式得到改革和完善,对于推进社会主义民主政治建设具有全局作用。

最后,依法治国基本方略全面落实,中国特色社会主义法律体系基本形成。依法治国就是依照体现人民意志和社会发展规律的法律治理国家,而不是依照个人意志、主张治理国家。它要求国家的政治、经济、社会各方面的活动统统依照法律进行，而不受任何个人意志的干预。党的十七大指出："依法治国是社会主义民主政治的基本要求。"[①]党的十六大以来，党在落实依法治国基本方略方面，主要有两个方面的成果：一方面是基本形成了中国特色社会主义法律体系，国家经济、政治、文化、社会生活的各个方面基本实现了有法可依；另一方面是初步解决了政府依法行政的问题，2003 年《中华人民共和国行政许可法》颁布实施、2004 年《全面推进依法行政实施纲要》的颁布，以及 2007 年国务院开始对截至 2006 年底现行行政法规 655 件进行的全面清理，对于维护全国法治统一和政令畅通、加快建设法治政府、全面推进依法行政有着非常重要的意义。

这一时期，中国特色社会主义制度处在进一步健全和完善阶段。经历了前两个阶段的发展，中国特色社会主义制度体系初步形成，这为中国特色社会主义制度发挥比较优势创造了条件。

（三）中国特色社会主义制度更加完善

中国特色社会主义制度植根于中国大地，是产生于中国社会、适合中国国情、具有鲜明中国特色的制度体系。党的十八大以来，通过统筹推进"五位一体"总体布局、协调推进"四个全面"战略布局，推动中国特色社会主义制度更加完善、国家治理体系和治理能力现代化水平明显提高，为党和国家事业取得历史性成就、发生历史性变革提供了有力保障。特别是党的十八届三中全会，开启了全面深化改革、系统整体设计推进改革的新时代，开创了我国改革开放的全新局面。

2013 年 11 月，党的十八届三中全会上通过的《中共中央关于全面深化改革若干重大问题的决定》，突破了以往历次三中全会聚焦于某一领域改革的特征，围绕人民群众反映强烈的问题，突出重要领域和关键环节，提出了"五位一体"体制改革的系统设计、顶层设计和总体设计，从经济、政治、文化、社会、生态文明、国防和军队以及党的建设等方面，具体部署了全面深化改革的主要任务和重大举措。

---

① 《十七大以来重要文献选编》（上），中央文献出版社 2009 年版，第 24 页。

在全面深化改革的有力推动下，我们既积极改革不适应实践发展要求的体制机制和法律法规，又不断构建新的体制机制和法律法规，使党、国家、社会各项事务治理更加制度化、规范化、程序化，中国特色社会主义制度自我完善和发展的步伐明显加快，一整套更加成熟更加定型的制度体系正在加速形成。在经济体制改革方面，坚持解放和发展社会生产力，深化供给侧结构性改革，加快建设创新型国家，以"放管服"改革为抓手激发市场活力，不断完善使市场在资源配置中起决定性作用和更好发挥政府作用的各项制度，形成了覆盖东西南北中的自由贸易试验区试点格局。在政治体制改革方面，积极发展社会主义民主政治，推进全面依法治国，推动协商民主广泛、多层、制度化发展，坚持党的领导、人民当家作主、依法治国有机统一，更好发挥中国特色社会主义政治制度的优越性，为党和国家长治久安提供更加完善的政治保障。其中深化党和国家机构改革部署中，仅中央和国家机关层面就涉及180多万人。在文化体制改革方面，文化管理体制不断完善，文化企事业单位改革持续深化，现代公共文化服务体系加快构建，文化惠民工程深入实施，社会效益和经济效益相统一的文化体制机制日益完善。在社会体制改革方面，加强和创新社会治理，积极稳妥推进户籍制度、收入分配、医疗卫生、扶贫等方面改革，保障和改善民生，使发展成果更多更公平惠及全体人民。在生态文明体制改革方面，牢固树立和践行绿水青山就是金山银山的理念，统筹山水林田湖草系统治理，实行最严格的生态环境保护制度，推动形成绿色发展方式和生活方式，努力建设天蓝、地绿、水清的美丽中国。

2019年10月，党的十九届四中全会第一次将坚持和完善中国特色社会主义制度、推进国家治理体系和治理能力现代化作为主题进行研究。会议深刻阐述了坚持和完善中国特色社会主义制度、推进国家治理体系和治理能力现代化的重大意义，第一次明确了坚持和完善中国特色社会主义制度、推进国家治理体系和治理能力现代化的总体目标：到我们党成立一百年时，在各方面制度更加成熟更加定型上取得明显成效；到2035年，各方面制度更加完善，基本实现国家治理体系和治理能力现代化；到新中国成立一百年时，全面实现国家治理体系和治理能力现代化，使中国特色社会主义制度更加巩固、优越性充分展现。同时，会议第一次系统总结了我国国家制度和国家治理体系在十三个方面的显著优势，系统总结了我们党在改革发展稳定、内政外交国防、治党治国治军各个方面的制度创新成果。我国国家治理体系和治理能力是中国特色社会主义制度及其执行能力的集中体现。实现国家治理体系和治理能力现代化，必须毫不动摇把这十三个方面的制度优势坚持好、发展好、完善好。

总而言之，党的十八大以来，中国进入了全面深化改革阶段，也就是以完善社会主义市场经济体制为重点，以加快转变经济发展方式为动力，全面推进中国特色社会主义制度改革创新的阶段。中国特色社会主义进入新时代后，我们党以经济体制改革为牵引，积极稳妥推进其他方面体制机制改革，促使重要领域和关键环节改革取得突破性进展，解决了许多长期想解决而没有解决的难题，办成了许多过去想办而没有办成的大事，推动中国特色社会主义制度建设取得重大成就，中国特色社会主义制度体系更加系统完备、科学规范、运行有效，为实现中华民族伟大复兴的中国梦提供坚强制度保障。

第三章　中国特色社会主义制度优势的理论逻辑

理论的基本功能是规范和引导人们的思想和行为，任何国家制度和国家治理体系都有自己的理论依据和理论支撑。中国特色社会主义制度之所以成为近代中国社会变革的必然结果和中华民族走向伟大复兴的必然选择，除了历史的、客观的动因，最根本之处就在于这一先进社会制度坚持马克思主义指导、坚持从中国实际出发，强调人民中心地位，坚持吸收人类文明优秀成果，具有鲜明的科学性、民族性、人民性、开放性，具有其产生、完善与发展的内在理论逻辑。从理论上揭示这些从根本上决定中国特色社会主义制度相较于其他社会制度优势的内在规律，是进一步增强坚持中国特色社会主义制度的自觉性并在实践中推进这一社会制度进一步走向完善的重要前提。

一、坚持以马克思主义为指导，奠定了制度的科学性

制度优势在于我们的制度和治理体系有科学的理论指引。从中国特色社会主义制度孕育、产生和发展的基本历程来看，它是中国共产党以马克思主义为行动指南，以马克思主义来指导中国特色社会主义建设的过程中形成的制度体系。马克思和恩格斯在200多年前所提出的历史唯物论、剩余价值论和科学社会主义理论，不仅使社会主义从空想走向科学，而且也为之后的社会主义运动提供了基本遵循和理论滋养，中国特色社会主义制度体系也是在其滋养、指导下产生的。它站在马克思主义的立场上，承继了马克思主义的精髓，集中体现了马克思主义的世界观与方法论，对共产党执政规

律、社会主义建设规律和人类社会发展规律进行了集中揭示和阐释，展现了强大的逻辑力量与超凡的理论魅力。从这一意义而言，马克思主义指导思想，是我们国家制度和治理体系的思想灵魂和精神之旗。以马克思主义为指导，高擎思想之旗，使我们的国家制度和治理体系牢牢建立在科学理论基础之上，建立在对历史规律深刻把握之上。

（一）马克思科学社会主义理论奠定了中国特色社会主义制度优势的理论基础

马克思主义是一个包括哲学、政治经济学、科学社会主义在内的严整的科学理论体系。在完整的马克思主义理论体系中，科学社会主义理论居于大厦的核心和顶端。

马克思科学社会主义理论创立于 19 世纪 40 年代，其主要思想集中在《1844 年经济学哲学手稿》《〈黑格尔法哲学批判〉导言》《论犹太人问题》《政治经济学批判大纲》《神圣家族》《英国工人阶级状况》《德意志意识形态》《共产主义原理》《共产党宣言》《1848 年至 1850 年的法兰西阶级斗争》《资本论》《法兰西内战》《哥达纲领批判》《反杜林论》《社会主义从空想到科学的发展》等著作以及其他一些重要文章和书信中。在这些主要著作、重要文章和书信中，马克思、恩格斯在提出科学社会主义命题的基础上，还阐述了科学社会主义的理论基础、基本原理以及实现条件，对未来社会作出了大胆预测，科学揭示出未来社会主义社会的一般特征：

一是生产力高度发展是未来社会的物质基础。马克思、恩格斯认为未来的社会必须建立在资本主义所不能比拟的高度发达的社会生产力的基础上，如果没有高度发达的社会生产力，“那就只会有贫穷、极端贫困的普遍化；而在极端贫困的情况下，必须重新开始争取必需品的斗争，全部陈腐污浊的东西又要死灰复燃”①。这就是说，高度发达的生产力为未来的社会主义社会的实现提供了根本的物质前提，只有在生产力高度发达且社会普遍发展的基础上，才可能真正消灭异化劳动、消灭贫穷和私有制，真正实现人

① 《马克思恩格斯文集》（第一卷），人民出版社 2009 年版，第 538 页。

的自由而全面的发展。

二是未来社会实行生产资料公有制，社会产品实行按劳分配和按需分配。马克思、恩格斯通过对所处资本主义社会的剖析，设想未来社会必须以生产资料的社会占有为前提，生产资料公有制是未来社会主义社会的所有制形式。他们在《共产党宣言》中强调无产阶级在消灭资产阶级、取得政权以后，“将利用自己的政治统治，一步一步地夺取资产阶级的全部资本，把一切生产工具集中在国家即组织成为统治阶级的无产阶级手里”①，这实际上就是无产阶级夺取政权，建立公有制，废除资本主义私有制，实现社会性质的根本转变。同时，他们还分析了公有制条件下，未来社会的社会产品分配问题。他们认为，由于未来社会实行生产资料公有制，因而社会产品必然为全部劳动者所共同占有，而分配方式又受到生产力发展水平的制约。在共产主义的第一阶段，生产力虽然有了很大的提高，比资本主义生产力要发达得多，但是还没有达到按需分配的程度，这时劳动者将按照为社会提供劳动量的多少获得不同数量的社会产品，即按劳分配。当进入共产主义的高级阶段后，社会生产力高度发达，社会产品也极大丰富，这时实行的将不再是按劳分配，而是真正意义上的按需分配。

三是未来社会阶级及其存在的基础将被消灭，国家也将消亡。马克思、恩格斯认为“阶级的存在是由分工引起的”。当无产阶级消灭资本主义进入生产力高度发达的共产主义社会后，社会占有全部生产资料，社会成员真正可以全面地、自由地发挥他们的各方面才能，这时，强制性的分工已经因为没有存在的意义而消失，随之，阶级和阶级压迫也将不复存在。阶级和阶级的消灭将会使整个社会结构根本改变，国家作为阶级不可调和的产物也失去了存在的意义，正如恩格斯所说：“当不再有需要加以镇压的社会阶级的时候，当阶级统治和根源于至今的生产无政府状态的个体生存斗争已被消除，而由此二者产生的冲突和极端行动也随着被消除了的时候，就不再有什么需要镇压了，也就不再需要国家这种特殊的镇压力量了。”②因此，国家不

① 《马克思恩格斯文集》（第一卷），人民出版社 2009 年版，第 52 页。
② 《马克思恩格斯文集》（第九卷），人民出版社 2009 年版，第 297 页。

是“被废除”的，而是“自行消亡”的。

四是未来社会是实现人的自由而全面发展的社会。实现人的自由而全面发展既是科学社会主义所追求的目的，也是社会生产力发展、生产关系变革的必然结果。马克思、恩格斯认为在生产力高度发达的共产主义社会，人类将获得彻底的解放，“人终于成为自己的社会结合的主人，从而也就成为自然界的主人，成为自身的主人——自由的人”①。

马克思、恩格斯虽然提出了科学社会主义的命题，并对未来的社会主义、共产主义社会尤其是其基本特征进行了科学又大胆的预见，并在此基础上提出了未来社会的基本原则，但并没有也不可能拿出建设社会主义社会的具体方案。列宁在成功领导俄国十月社会主义革命和早期的苏维埃建设的实践中，在继承马克思、恩格斯相关社会主义思想的基础上，对如何建设社会主义尤其是如何在经济文化相对落后的苏俄建设社会主义的问题进行了宝贵探索，提出了一系列新的思想和观点，突破了关于社会主义的一些传统认识和僵化观念。比如新经济政策方面，列宁认为，并不是只有单一的公有制和单一的按劳分配才是社会主义，社会主义不排斥和否定私人利益，社会主义并非与资本主义绝对对立，两者也有相互依存的一面，“恢复资本主义也就是恢复无产阶级，使他们在大机器工厂里生产有利于社会的物质财富”②。苏维埃也可以利用资本主义来建设社会主义，以改变苏俄经济落后的面貌。新经济政策使列宁找到了建设社会主义切实可行的方法和途径，即可以利用商品、货币、市场、市场机制等来发展社会主义经济。这些新思想、新观点在丰富和发展马克思主义的同时，也为中国特色社会主义理论体系提供了重要的思想理论来源。

中国特色社会主义制度就是将马克思主义基本原理与当代中国实际相结合而产生的重大成果，它是马克思主义基本原理在中国的具体运用和发展。习近平总书记 2013 年 1 月 5 日在新进中央委员会委员、候补委员学习贯彻党的十八大精神研讨班开班式上强调：“中国特色社会主义是社会主义

① 《马克思恩格斯文集》（第三卷），人民出版社 2009 年版，第 566 页。
② 《列宁选集》（第四卷），人民出版社 2012 年版，第 578 页。

而不是其他什么主义,科学社会主义基本原则不能丢,丢了就不是社会主义。”这一论述从中国特色社会主义与马克思主义内在关系的角度强调了马克思主义对于中国特色社会主义的根本指导作用。作为对中国特色社会主义建设历史经验的科学总结,中国特色社会主义制度的丰富和发展,自然也离不开马克思主义这一“老祖宗”,是建立在马克思主义基础之上的。

(二)马克思主义政治经济学理论奠定了中国特色社会主义制度优势的科学基础

科学社会主义思想为中国特色社会主义制度体系的建立和完善提供了理论依据,为确保中国特色社会主义制度优势奠定了扎实基础。之所以这样说,一方面在于中国特色社会主义制度是对马克思科学社会主义思想的遵循;另一方面还在于,马克思科学社会主义的思想和理论,尤其是马克思、恩格斯所提出的关于未来社会(即社会主义社会)的基本原则并不是主观臆测,而是根据社会发展规律推论出来的,有着科学的依据。

共产主义理想与其他抽象理想的根本区别,在于它不是空想,而是建立在马克思主义唯物史观和剩余价值学说基础之上的,符合人类历史发展客观规律,具有历史的、客观的必然性。这正如马克思所言:“这种诉诸道德和法的做法,在科学上丝毫不能把我们推向前进;道义的愤恩,无论多么入情入理,经济科学总不能把它看作证据,而只能看作象征。”[①]而马克思、恩格斯提出的关于未来社会主义社会的设想是建立在对资本主义社会现实存在的矛盾进行科学分析的基础上的。他们提出未来社会制度基本原则的根据是:“共产主义是从资本主义中产生出来的,它是历史地从资本主义中发展出来的,它是资本主义所产生的那种社会力量发生作用的结果!”[②]对于资本主义生产方式,空想社会主义者虽然知道它是坏东西,猛烈地批判它、咒骂它,却不能说明它坏在哪里,空想社会主义者越是义愤填膺地反对对工人阶级的剥削,就越不能明白指出这种剥削从哪里产生和怎样产生。马克思主

① 《马克思恩格斯选集》(第九卷),人民出版社2009年版,第156页。
② 《列宁选集》(第三卷),人民出版社2012年版,第186—187页。

义政治经济学，通过阐述剩余价值的生产过程，剖析了资本主义生产方式的剥削事实，证明了现代资本家也像奴隶主、封建主一样，是靠占有他人无偿劳动而发财致富的。所谓“公道”“正义”“平等”，完全是虚伪的空话。

马克思对资本主义社会的现实经济活动的分析，集中体现在其以剩余价值论为核心的政治经济理论中。剩余价值学说揭示了资本主义生产的全部秘密。马克思指出，工人与资本家的关系是一种雇佣劳动关系。剩余价值就是由雇佣工人的剩余劳动创造的、被资本家无偿占有的那一部分价值，劳动是价值的创造来源。

剩余价值学说揭示了资本主义生产方式的剥削秘密。它科学地论证了资本家付给工人的工资，形式上是偿付工人劳动所创造的全部价值，实际上只是偿付工人劳动所创造的价值的一小部分，其余的部分就是剩余价值，却被资本家无偿占有了，这使资本家利用占有生产资料剥削工人的秘密暴露无遗。

马克思剩余价值学说所论述的资本家对剩余价值的无偿占有，是资本主义独特的剥削形式，是资本主义生产的基本规律。这一基本规律决定了资本主义无法逾越自身所固有的矛盾。为了解决这个矛盾，必须用生产资料公有制取代资本家的私有制。生产资料公有制的建立，就有可能实行按劳分配原则，为消灭剥削、消除两极分化、逐步实现共同富裕奠定经济基础。由此可见，资本主义生产方式如同奴隶社会和封建社会的生产方式一样，有它产生、发展的必然性，也有它灭亡的必然性。资本主义社会必然为社会主义社会所代替，人类终将走向共产主义，这是人类历史矛盾运动的必然结果。然而，尽管资产阶级的灭亡和无产阶级的胜利是同样不可避免的，但是建立公有制、“剥夺剥夺者”势必引起资产阶级的殊死反抗，因此，代表先进生产力的无产阶级必须在共产党领导下，推翻资产阶级政权，实行无产阶级专政。所有这一切都必须在无产阶级世界观——马克思主义的指导下才能做到。因此，恩格斯在谈及剩余价值学说时指出：“这个问题的解决是马克思著作的划时代的功绩。这个问题的解决使明亮的阳光照进了经济学各个领域，而在这些领域中，从前社会主义者像资产阶级经济学家一样曾在深沉的黑暗中摸索。科学社会主义就是以这个问题的解决为起点，并以此为中心的。”①

（三）马克思主义唯物史观奠定了中国特色社会主义制度优势的哲学基础

如果说马克思主义政治经济学揭示了资本主义社会所特有的发展规律的话，那马克思主义唯物史观则揭示了人类历史发展的客观规律。这为基于此而开创和完善中国特色社会主义制度提供了哲学依据，也奠定了中国特色社会主义制度优势的世界观和方法论基础。中国特色社会主义，之所以成为社会主义发展史上一个独立的发展阶段、一个新的里程碑，中国特色社会主义制度之所以能够在创造经济快速发展、社会长期稳定两大奇迹中展示出强大生命力和巨大优越性，是因为它从创立到逐步发展完善，始终如一地坚持以马克思主义根本立场和方法为根本指导，体现了马克思主义唯物史观的世界观和方法论。

1883 年 3 月 14 日，恩格斯在马克思墓前发表的讲话曾深刻指出：“唯物史观和剩余价值学说是马克思一生中的两个伟大发现。正是这两个伟大发现，使社会主义从空想变成了科学。”马克思主义诞生前，唯心史观在社会历史领域占统治地位。那时，许多学者对社会历史问题进行过多方面的探索。18 世纪的意大利思想家、历史哲学家维科，19 世纪法国复辟时代的历史学家基佐、梯也尔、米涅，19 世纪初的空想社会主义者圣西门、傅立叶和德国古典哲学家黑格尔等，都力图揭开社会历史发展的秘密。但时代和阶级的局限，决定了他们无法完成这个历史性任务。唯物史观从社会生活的各个领域中划分出经济领域，从社会关系中划分出生产关系，并把生产关系作为受生产力制约的社会一切关系中最基本的关系，从而使人们在认识人类社会的发展、解释社会变迁和政治变革的终极原因时，摆脱了空想社会主义的唯心史观窠臼，掌握了科学的世界观、方法论，找到了科学的路径。

马克思、恩格斯在合写的《德意志意识形态》中第一次系统论述了唯物史观。马克思、恩格斯认为：生产方式是社会历史的前提，现实的个人是历

① 《马克思恩格斯选集》（第三卷），人民出版社 1995 年版，第 548 页。

史的、具体的人，不同的生产方式决定了不同的生活方式和不同的个人；是社会存在决定社会意识，而不是相反，不同时代的物质实践条件决定了不同的思想观念；物质生产在人类历史发展中起着决定性的作用，生产力与生产关系的矛盾是社会基本矛盾的最主要方面，人们所达到的生产力的总和决定着社会状况；生产关系一定要适应生产力状况，政治上层建筑和思想上层建筑一定要适应社会经济基础；等等。在他们看来，社会的物质生产力发展到一定阶段，便同它们一直在其中运动的现存生产关系或财产关系（这只是生产关系的法律用语）发生矛盾。于是，这些关系便由生产力的发展形式变成生产力的桎梏。那时社会革命的时代就到来了。随着经济基础的变更，全部庞大的上层建筑也或慢或快地发生变革。

马克思、恩格斯批判地继承了以往历史哲学发展的全部积极成果，终于使“过去在历史观和政治观方面占支配地位的那种混乱和随意性，被一种极其完整严密的科学理论所代替”①。这种科学理论提出了社会存在决定社会意识这个最基本的观点，并在这一基本观点的基础上，阐述了生产力和生产关系的矛盾作用是社会发展的根本动力，生产方式的变革是社会发展的决定力量，终于揭开了人类社会如何从一种社会生活结构中发展出另一种更高级结构的“历史之谜”。

从这一意义看，中国特色社会主义制度体系，传承了社会主义的科学思想真谛，吸取了其他社会主义国家兴衰成败的经验教训，凝结着500年来人类对社会主义的孜孜追寻和执着探求。中国特色社会主义制度以马克思主义为指导，具有深厚的理论根基。它创造性地运用马克思主义国家学说建设社会主义国家制度，逐步确立并巩固了中国的根本政治制度、基本政治制度、基本经济制度和建立在此基础上的经济体制、政治体制、文化体制、社会体制、生态文明体制等事关国家治理各个方面的重要制度，推动中国特色社会主义制度体系不断完善、不断健全。

正如习近平总书记在纪念马克思诞辰200周年大会上的讲话中强调：“马克思创建了唯物史观和剩余价值学说，揭示了人类社会发展的一般规

① 《列宁选集》（第二卷），人民出版社2012年版，第311页。

律，揭示了资本主义运行的特殊规律，为人类指明了从必然王国向自由王国飞跃的途径，为人民指明了实现自由和解放的道路。”中国共产党之所以能，中国特色社会主义之所以好，归根结底在于马克思主义行。无论是中国特色社会主义制度的形成，还是中国特色社会主义制度的发展，都是中国共产党高举马克思主义旗帜，将马克思主义基本原理与中国具体实际和中华优秀文化相结合的过程。马克思主义的科学真理性，为在实践中创立和完善中国特色社会主义奠定了基础。

二、坚持立足中国基本国情，奠定了制度的民族性

马克思主义作为科学真理，虽然对社会主义建设具有普遍指导意义，但在指导实践的过程中，只有同各国具体实际相结合，才能不断取得胜利，从而也不断推动自身的成熟和完善。正如恩格斯曾明确指出的那样，马克思的整个世界观不是教义，而是方法。它提供的不是现成的教条，而是进一步研究的出发点和供这种研究使用的方法。同样，在中国，马克思主义要想发挥指导作用，也必须同中国的具体实际相结合，实现马克思主义的中国化。这是中国共产党人在深刻把握马克思主义理论品质、清醒认识中国国情的基础上得出的科学结论。就此而言，中国特色社会主义制度之所以具有明显的制度优势，就在于这一制度是将马克思主义基本原理与我国实际相结合的产物，是立足中国社会实际，扎根于中国发展实践，在我国历史传承、文化传统、经济社会发展的基础上，经过长期发展、渐进改进、内生演化而来，是在吸取社会主义建设正反两方面的经验，在应对国内外纷繁复杂挑战的艰辛探索中得来的，而不是按照教科书上的金科玉律得来的。

（一）中国特色社会主义制度是独具特色的制度体系

中国特色社会主义制度不是简单套用马克思主义经典作家设想的“模板”，也不是苏联等其他国家社会主义实践的“再版”，更不是西方国家制度的“翻版”，而是符合中国国情、体现国家性质、保障人民当家作主、巩固和发展人民民主专政、深得人民拥护的“新版”，是党和人民自己的伟大创造。

从中国特色社会主义经济制度来看，我国的所有制结构，既不搞西方的私有制，也不搞纯粹的公有制，而是实行以公有制为主体、多种所有制经济共同发展；我国的分配制度既不搞西方的按资分配，也不搞单一的按劳分配，而是坚持按劳分配为主体的多种分配方式，确立劳动、资本、技术和管理等生产要素按贡献参与分配，鼓励一部分人和一部分地区先富裕起来，带动全社会共同富裕；我国的经济体制既不搞西方的自由市场经济，也不搞传统的社会主义的计划经济，而是建立和完善社会主义市场经济体制，把社会主义制度的优越性和市场经济的活力结合起来，这是对马克思主义经济理论的重大突破和人类历史上的伟大创举。

从中国特色社会主义政治制度来看，在建立什么样的国体方面，我们既反对西方的资产阶级专政，也不简单照搬传统社会主义的无产阶级专政，而是坚持人民民主专政，这一国体直接标志政权具有民主和专政两种职能，不断扩大民主范畴，并避免无产阶级专政的滥用。毛泽东同志在《新民主主义论》中指出，旧中国半殖民地半封建的社会性质决定了新民主主义革命所要建立的共和国，既不是“旧形式的、欧美式的、资产阶级专政的、资本主义的”共和国，也不是“苏联式的、无产阶级专政的、社会主义的”共和国，而是由各革命阶级联合而成的人民民主专政共和国，这是保护人民利益的“人民的国家”。在建立什么样的政体方面，我国既不搞西方的议会制、总统制，也不照搬苏维埃体制，而是实行在革命战争年代创造的、符合中国国情的人民代表大会制度。在政党制度方面，我们既不搞西方的多党制，也不搞传统的社会主义的一党制，而是实行中国共产党领导的多党合作和政治协商制度。

从中国特色社会主义文化制度来看，在意识形态方面，我们既反对西方的自由化，也不搞思想垄断，坚持马克思主义的一元统领和多元兼容并存，以社会主义核心价值体系积极引领其他社会思潮，增强社会主义意识形态的吸引力和凝聚力；对于思想教育，我们既反对资产阶级利己主义和极端个人主义，又不硬性灌输社会主义思想，在坚持进行爱国主义、社会主义、集体主义教育中，也关心和照顾个人利益，兼顾国家、集体、个人三方面的利益，使各方的积极性和创造性都能得到充分发挥；在学术领域，我们既不搞西方所谓的绝对学术自由，又反对权力干预学术，给不同学派贴政治标签，而是坚持为人民、为社会主义服务的方向，贯彻百花齐放、百家争鸣的方针，让艺术和科学中的问题由艺术界和科学界通过自由讨论和实践去解决。

（二）中国特色社会主义制度符合中国具体实际

中国特色社会主义制度的形成，并非一日之功，而是在中国共产党领导中国人民坚持将马克思主义创造性运用于中国实际的过程中，在长期革命、建设和改革的持续探索中形成的。

以我国国家结构形式和民族区域自治制度的确立为例，在筹备成立新中国、起草《共同纲领》过程中，是搞联邦，还是搞统一共和国、少数民族区域自治，是我们党慎重思考和谋划的一个重大问题。为此，时任中央统战部部长李维汉认真研究了中国与苏联的不同国情，依据马克思主义国家学说，提出了符合我国实际的意见建议。第一，苏联少数民族人口约占全国总人口的47%，我国少数民族人口只占全国总人口的6%，并且呈现大分散、小聚居的状态，汉族和少数民族之间、几个少数民族之间互相杂居或交错聚居。第二，马克思列宁主义的民族理论，根本上主张在统一的（单一制的）国家内实行地方自治和民族区域自治，只在例外的情况下允许实行联邦制。第三，俄国经过二月革命和十月革命，许多非俄罗斯民族实际上已经分离为不同国家，因此不得不采取联邦制把按照苏维埃形式组成的各个国家联合起来，作为走向完全统一的过渡形式。我国的情况则不同，国内各民族在中国共产党领导下，由平等联合进行革命，到平等联合建立统一的人民共和国，并没有经过民族分离，始终都是一个统一的国家。因此，中国不宜实行联邦制。经过充分论证，我们党确定新中国在统一的（单一制的）国家内实行民族区域自治制度，而不实行联邦制。由此，民族区域自治制度写入《共同纲领》，成为具有中国特色的一项基本政治制度。对此，邓小平同志也强调："解决民族问题，中国采取的不是民族共和国联邦的制度，而是民族区域自治的制度。我们认为这个制度比较好，适合中国的情况。"

社会主义市场经济体制是我们党和人民的一大创举，它的提出、形成和完善也是将马克思主义经济理论创造性运用于中国实际，是在对"苏联模式"的突破中逐渐完成的。在经济制度方面，虽然我们和苏联都坚持社会主义公有制，但是苏联采取高度集中的计划经济体制，把在特殊的工业化道路上形成和在二战中强化的计划经济体制、重工业优先和粗放型发展战略绝对化，最后导致苏联经济建设模式僵化。我们在坚持公有制为主体的前提下，为了更好地适应我国社会主义初级阶段的生产力发展水平实际，坚持把宏观调控与市场调节结合起来，在坚持社会主义制度的前提下，发挥市场在配置资源方面的优势，使其为社会主义国家和人民服务。改革开放后，我们在计划经济条件下大力发展个体企业、乡镇企业、集体企业、民营企业、外资企业、合资企业，逐步突破计划经济体制的固有模式。1992 年年初邓小平发表南方谈话，强调计划和市场都是经济手段，不是社会主义与资本主义的本质区别，从根本上解除了把计划经济和市场经济看作属于社会基本制度范畴的思想束缚。党的十四大把建立社会主义市场经济体制确立为经济体制改革的目标。此后，围绕这一目标，我国全面推进经济体制改革，并以此牵引和带动其他领域体制机制的改革发展。到 2000 年，我国成功实现由计划经济体制向社会主义市场经济体制的转变，社会主义市场经济体制基本框架初步建立。在社会主义市场经济体制不断完善发展的基础上，党的十九届四中全会把它纳入社会主义基本经济制度范畴，以国家基本制度形式充分肯定了它的地位和作用。

可见，中国特色社会主义制度之所以能够表现出独特的优势，在于其基于社会主义初级阶段的基本国情而孕育和开创，也在于其依托中国不同历史时期的具体实际而丰富、完善和发展。它是在吸取社会主义建设正反两方面的经验、在应对国内外纷繁复杂挑战的艰辛探索中得来的，是符合中国实际、扎根中国实际、立足中国国情的伟大创造。

（三）中国特色社会主义制度扎根中华文化土壤

习近平总书记指出："一个国家选择什么样的治理体系，是由这个国家的历史传承、文化传统、经济社会发展水平决定的，是由这个国家的人民决定的。"中国特色社会主义制度是在中国历史传承、文化传统、经济社会发展的基础上长期发展、逐渐完善、内生性演化而形成的。

首先，中国特色社会主义制度根植于中华优秀传统文化。中国特色社会主义制度是对中华优秀传统文化创造性转化与创新性发展的结果,具有一脉相承的历史性及独特的民族性。毛泽东曾强调:“我们这个民族有数千年的历史,有它的特点,有它的许多珍贵品。对于这些,我们还是小学生。今天的中国是历史的中国的一个发展;我们是马克思主义的历史主义者,我们不应当割断历史。从孔夫子到孙中山,我们应当给以总结,承继这一份珍贵的遗产。”①

在几千年的历史演进中,中华民族创造了独特的中华文明,形成了关于国家制度和国家治理的丰富思想,包括大道之行、天下为公的大同理想,六合同风、四海一家的大一统传统,德主刑辅、以德化人的德治主张,民贵君轻、政在养民的民本思想,等贵贱均贫富、损有余补不足的平等观念,法不阿贵、绳不挠曲的正义追求,孝悌忠信、礼义廉耻的道德操守,任人唯贤、选贤与能的用人标准,周虽旧邦、其命维新的改革精神,亲仁善邻、协和万邦的外交之道,以和为贵、好战必亡的和平理念,等等。中国历史的发展特点、中华民族的独特禀赋、中华文化的优良传统,都深深影响着中国特色社会主义制度的形成和发展,是其赖以存在的文化土壤,为其不断发展完善提供了源源不竭的精神动力。正如习近平总书记说的,“当代中国人的思维,中国政府的治国方略,浸透着中国传统文化的基因”。

其次,中国特色社会主义制度根植于中国革命文化。革命文化是中国革命和建设光荣历史的见证,体现着中国共产党人的崇高理想,凝聚着广大人民群众的高尚道德和优良品质,包含了体现社会主义、共产主义价值目标的精神形态,也构成了中国特色社会主义制度的重要来源。以中国的社会主义协商民主制度为例,中国共产党在中国革命的艰难探索中,逐步认识到需要将各阶级阶层的自身利益与民族利益统一起来,结成政治上的联盟。在长期的革命过程中,我们党曾创造性地提出了“谁是我们的敌人?谁是我们的朋友?这个问题是革命的首要问题”②、“不可不注意团结我们的真正的朋友,以攻击我们的真正的敌人”③、“要胜利,他们就必须在各种不同的情形

① 《毛泽东选集》(第二卷),人民出版社 1991 年版,第 533—534 页。
② 《毛泽东选集》(第一卷),人民出版社 1991 年版,第 3 页。
③ 《毛泽东选集》(第一卷),人民出版社 1991 年版,第 3 页。

下团结一切可能的革命的阶级和阶层，组织革命的统一战线”①、“对于共产党以外的人员，不问他们是否有党派关系和属于何种党派，只要是抗日的并且是愿意和共产党合作的，我们便应以合作的态度对待他们”②、“共产党人必须和其他党派及无党派人士多商量，多座谈，多开会”③、“遇事先和党外人士商量，取得多数同意，然后去做”④等一系列具有独创性的协商民主重要思想，为中国特色社会主义民主协商制度的形成和完善提供了重要思想来源。

最后，中国特色社会主义制度根植于社会主义先进文化。中国特色社会主义文化是激励全党全国各族人民奋勇前进的强大精神力量，熔铸了党领导人民在革命、建设、改革中创造的革命文化和社会主义先进文化。中国共产党是中国特色社会主义制度的创建者，在中华民族从站起来、富起来到强起来的伟大飞跃中，把社会主义先进文化融入制度体系建设，不断推动中国特色社会主义制度更加成熟、更加定型。社会主义先进文化是中国特色社会主义制度的又一重要来源。比如，党的十一届三中全会以来中国共产党在探索和发展中国特色社会主义事业过程中形成的“改革开放精神”——解放思想、实事求是、开拓创新、勇于担当、开放包容、兼容并蓄的精神品格，推动着中国特色社会主义制度在改革开放进程中不断完善，为推进国家治理体系和治理能力现代化提供了有力制度保障，也为中国特色社会主义制度的创新和发展提供了重要前提。

可见，中国的社会主义制度根植于中华民族几千年来积淀下来的优秀文化土壤，体现深厚的中华传统文化烙印，传承着恢弘的现代革命文化，彰显着社会主义先进文化的时代性，不断地从博大精深的中华文化中获取精神养料和思想资源。

---

① 《毛泽东选集》（第二卷），人民出版社 1991 年版，第 645 页。
② 《毛泽东选集》（第二卷），人民出版社 1991 年版，第 742 页。
③ 《毛泽东文集》（第三卷），人民出版社 1996 年版，第 239 页。
④ 《毛泽东选集》（第二卷），人民出版社 1991 年版，第 742—743 页。

三、坚持以人民为中心的价值立场，奠定了制度的人民性

任何社会制度都具有价值属性，存在“为了谁、依靠谁”等立场问题。中国特色社会主义制度的个性与特色都是围绕人民性价值取向展开的，其确立与完善始终围绕实现社会主义的价值理念而进行，其一整套制度体系都贯穿了以人民为中心的价值理念，代表的是人民的根本利益，旨在保障每个人自由而全面的发展。以人民为中心，揭示了中国特色社会主义制度的本质，为其制度优势提供了源源不断的价值动力。

（一）中国特色社会主义制度坚持人民至上理念

人民至上是马克思主义产生和形成的逻辑起点，也是马克思主义的核心和落脚点，更是中国共产党的根本政治立场。中国特色社会主义制度作为中国共产党领导人民探索创建并不断发展完善的国家制度，其承载的价值必然与中国共产党的价值取向高度一致，即坚持人民至上。

首先，人民至上理念贯穿于中国特色社会主义制度全过程。我国制度发展过程中，我们始终坚守“国家一切权力属于人民”，坚定人民至上的原则和立场。在中国特色社会主义制度的孕育阶段，毛泽东同志曾宣示“我们是人民民主专政，各级政府都要加上‘人民’二字”，国家各项制度围绕人民利益不断展开。他主张全心全意为人民服务的根本宗旨，创立人民代表大会制度，确立政治协商制度，巩固新生的人民政权，为改革开放新时期开创中国特色社会主义和形成中国特色社会制度提供了根本政治前提。在中国特色社会主义制度的开创阶段，邓小平同志心系人民、热爱人民，把人民作为事业成败的评判者，用实际行动、巨大勇气和深厚理论擘画人民美好未来，强调实现共同富裕根本目标，以人民本位原则促进国家民主制度、法制体系、文化体制等建设发展。改革开放新时期，我们不断探索形成了有中国特色的国家制度，更好地体现了人民至上的根本要求。在中国特色社会主义制度的完善发展阶段，江泽民同志不改初衷，忠于人民，强调深入民众、引导民众，将人民作为工作价值的最高裁定者，为民办事，维护人民的切身所得。

胡锦涛同志提出以人为本的科学发展观，致力于提高人民幸福指数，解决涉及民众安危冷暖问题，追求人的全面发展。在中国特色社会主义新时代，习近平总书记多次热情讴歌人民，提出以人民为中心的发展思想，以绝对的信心、以超强的魄力、以“我将无我，不负人民”的赤子之心为国家和人民付出。可见，党始终坚持人民至上的价值原则，精神之源内含初心使命，与民众生死相依、同舟共济，推进社会主义制度扎根国土，并发芽、开花和结果。

其次，人民至上理念体现在中国特色社会主义制度各方面。国家之本，在于人民。中国特色社会主义制度内含着深邃的人民性，人民至上理念为制度的选择、设计和安排奠定了合法性基础，辐射到中国特色社会主义制度各方面。从我国根本政治制度来看，人民代表大会制度确立权力的人民性原则，广泛动员和有效联合全体人民以主人翁的身份投身伟大事业，以民主集中制的原则组织全体人民确保国家的协调运转等，具体、现实地将人民的权力效力体现在国家治理的各个层面，维护社会安定、推动国家现代化进程。从我国基本政治制度来看，党领导的多党合作和政治协商制度，采用协商共议和选举的形式，寻求全社会意志表达的最大公约数，凝结治国理政的最大合力；民族区域自治制度从政治和社会团结的目标出发，实现民族地区人民与政府的共建共治，铸牢中华民族共同体意识；基层群众自治制度以上下共治的形式使广大民众实际参与到基层社会治理中，极大增加和谐社会的因素。从我国的基本经济制度来看，我国的生产资料所有制、分配方式、市场经济体制，指明了人民占有生产资料所有权，兼顾蛋糕的做大和分好，平衡好有形与无形之手，为社会事业发展和人民生活幸福奠定了物质基础。从中国特色社会主义的重要制度来看，中国特色社会主义法治重要制度，以制度的最高形式规范和保护人民切身利益，提高民众法治意识，坚守底线，为人民平安福祉保驾护航。中国特色社会主义政府治理重要制度，强化政府的执行、服务、组织、监督等机制，建设人民满意的服务型政府。统筹城乡的民生保障重要制度，加强对包括人民健康、社保、创业就业、终身学习等制度、机制和体系的建立健全，使人民群众安心幸福。可见，人民至上已融入中国特色社会主义制度及其实际效能的全方面、全过程和全环节。

最后，人民至上理念构成了中国特色社会主义制度优势的价值源泉。

党的十九届四中全会审议通过的《中共中央关于坚持和完善中国特色社会主义制度 推进国家治理体系和治理能力现代化若干重大问题的决定》，全面系统地总结了我国国家制度和国家治理体系具有的十三个显著优势。综观中国特色社会主义制度和治理体系的十三个显著优势，每一个优势的背后都有人民至上价值原则和立场的强力支撑，每一个优势都是为了体现和实现人民至上所要求的人民某一方面的权力或权利，每一个优势都是基于人民的力量产生的，每一个优势最终都是为了人民。例如，新冠疫情防控大考中，我国的防控工作和活动都根据制度而展开，一切工作的出发点和落脚点都是为了人民的生命与健康安全。我国将人民至上的理念贯穿于社会治理的各项具体实践中，紧紧依靠民众的力量，打赢了这场疫情阻击战，形成了伟大抗疫精神，充分展现了"中国之治"的人民价值力量。由此可见，人民的认同、支持和拥护是中国特色社会主义制度具有强大生命力和巨大优越性的根源所在，是中国特色社会主义制度十三个显著优势的源泉所在。人民至上理念奠定了制度优势生成的价值立场，提供了制度优势生成的动力机制，规定着中国特色社会主义制度优势生成的方向路径，是中国特色社会主义制度体系显著优势的价值源泉，推动着中国特色社会主义制度的优势转化和效能释放。人民至上理念是发挥制度优势的强大价值力量。正是因为中国特色社会主义制度和治理体系不仅从根本上体现和实现着人民至上的价值原则，而且制度和体系的每一个方面都能够把人民至上价值理念落实到具体体制、机制和活动中，构成了横向日益全面、纵向日益彻底的人民至上价值原则的制度实现体系，使得人民至上的价值原则能够不断充分地体现和实现，才使得中国特色社会主义制度的优越性源源不断地转换为治理效能，创造了一个又一个人间奇迹，把一个又一个不可能变成可能，啃下来一个又一个硬骨头，攻克了一个又一个难关，取得了党的事业一个又一个伟大胜利。

（二）中国特色社会主义制度保障人民根本利益

判断一种制度优劣，关键要看其为谁服务、为谁谋利。坚持人民立场，以最广大人民根本利益为价值取向的制度，才能得到人民认同和支持。中国特色社会主义制度把实现好、维护好、发展好最广大人民根本利益作为一切工作的根本出发点和落脚点,坚持把人民拥护、赞成、高兴作为制定政策的依据。中国特色社会主义制度顺应民心、尊重民意、关注民情、致力民生,保障最广大人民根本利益,促进实现整体利益和局部利益、集体利益和个人利益、当前利益和长远利益的有机平衡,因而得到最广大人民的衷心拥护,能够汇聚14亿多中国人民的磅礴伟力。所有这些,既充分体现了中国社会主义制度价值立场方面的人民性,也构成相对于其他社会制度的优越性的根本支撑。

第一,中国特色社会主义制度以保障人民根本利益为出发点和立足点。无产阶级政党是代表人民根本利益,致力于人类解放的使命型政党。“他们没有任何同整个无产阶级的利益不同的利益,他们不提出任何特殊的原则,用以塑造无产阶级的运动”[①]。作为马克思主义政党,中国共产党坚持“为绝大多数人谋利益”的根本立场。在创建新制度之际,毛泽东就明确指出,人民民主专政就是对人民实行民主,对敌人实行专政,就是要维护广大人民群众的根本利益,“人民民主专政的国家制度是保障人民革命的胜利成果和反对内外敌人的复辟阴谋的有力武器,我们必须牢牢地掌握这个武器”[②]。我国在社会主义制度建构中始终坚持以人民为中心的价值理念,以维护人民根本利益为其目的和价值追求,在社会主义制度设计中,广大人民群众的利益得到了具体体现。我国确立的基本经济制度,一方面通过对公有制的坚守,为人民走向共同富裕提供了根本性制度保障;另一方面通过多种所有制经济的共同发展,为人民发展生产、改善生活提供了多样化途径。人民代表大会制度及其相应的政治体制,既体现了人民大众在政治生活中的地位,又为人民真正享有管理国家和社会事务的权利提供了根本政治制度保障。我国独具特色的政党制度、民族区域自治制度以及基层群众自治制度等基本政治制度,从不同层面保障了人民的政治权益。我国新型的政党制度为不同群体的社会成员进行利益表达、参政议政提供了制度渠道。民族区域自

① 《马克思恩格斯文集》(第二卷),人民出版社2009年版,第44页。
② 《毛泽东文集》(第五卷),人民出版社1996年版,第344页。

治制度，在确保国家集中统一的基础上保障了少数民族地区的民族自治权利，而城乡居民的群众自治制度则为基层人民群众直接行使民主权利、参与民主管理提供了制度条件，我国确立的以宪法为核心的中国特色社会主义法律体系，为广大人民合法行使各项权益、维护社会公平正义提供了有力保障。

第二，中国特色社会主义制度以满足人民对美好生活的向往为奋斗目标。习近平总书记强调："中国特色社会主义进入新时代，我国社会主要矛盾已经转化为人民日益增长的美好生活需要和不平衡不充分的发展之间的矛盾。"①对美好生活的追求是人类社会永恒的主题，可以说，人类历史的演进就是一部不断追寻美好生活的奋斗史。"人民对美好生活的向往，就是我们的奋斗目标"是中国共产党对人民的庄严承诺。在现实中，人们的生活呈现出物质生活、精神生活、政治生活、社会生活、文化生活等多种样态。在资本主义社会，受资本逻辑、技术理性和自由主义信念的规制，人们可以享受到丰裕的物质生活，但却无法享受到充实的社会性生活和精神性生活，陷入"物化"状态而无法自拔。中国特色社会主义制度对人民主体地位的确立，可以使人们享受到多样性的生活形式，以满足人民的美好生活需要。从人类历史演进规律看，人们的生活需求不仅是多层次的，而且是发展性的，这就造成人民日益增长的美好生活需要和不平衡不充分的发展之间的矛盾。列宁说，世界不会满足人，人决心以自己的行动来改变世界。中国特色社会主义制度以其实践性不断满足人民日益增长的美好生活需要。在发展和完善中国特色社会主义制度的过程中，中国特色社会主义制度把推动生产力的发展作为实现人民群众利益的最主要的任务。这正如邓小平所指出的，发挥社会主义的优越性，归根到底是要靠大幅度发展社会生产力，逐步改善、提高人民的物质生活和精神生活。从历史到现实，我们的制度优势都源自"为了谁"的价值取向，我们之所以有制度优势，在于过去搞革命是为了群众，现在搞建设是为了群众，将来的一切开拓创新都是为了群众。这也是我

① 习近平：《决胜全面建成小康社会 夺取新时代中国特色社会主义伟大胜利》，《人民日报》2017 年 10 月 28 日。

们中国特色社会主义制度体系之所以自信的重要因素。

第三，中国特色社会主义制度以人民共享劳动成果为本质要求。党的十九大报告指出，中国特色社会主义新时代是全国各族人民团结奋斗、不断创造美好生活、逐步实现全体人民共同富裕的时代。共同富裕是社会主义的本质要求。改革开放之初，我们打破了平均主义的束缚，激发了社会发展活力，促进了生产力的发展。但随着经济的快速发展，也产生了城乡之间、区域之间、行业之间等贫富差距不断扩大的趋势。如何维护公平正义、实现全体人民共同富裕，成为党和政府亟待解决的问题。实现共同富裕必然要求实现共享发展，让广大人民共享改革发展成果，让人民群众有更多获得感。共享发展实质就是坚持以人民为中心的发展思想，体现的是逐步实现共同富裕的要求。共享发展包括“发展”和“共享”两个方面，发展是生产力的不断进步，共享是生产关系的存在状态。共享发展即是生产力与生产关系矛盾运动的有机统一。马克思认为，资本主义制度在一定时期内能使生产力获得巨大发展，但却无法实现资本家与劳动人民共享劳动成果，只有社会主义制度才能够实现两者的统一。中国特色社会主义制度为共享发展提供了制度保障。以公有制为基础的中国特色社会主义经济制度，奠定了劳动人民共享发展成果的制度基础，中国特色社会主义政治制度则确立了人民当家作主的社会地位，其他诸如中国特色社会主义文化制度、生态文明制度都从不同层面为共享发展提供了制度安排。

（三）中国特色社会主义制度尊重人民主体地位

人民的创造主体地位，体现了历史发展的客观规律，反映了唯物史观的基本原理。中国特色社会主义制度以人民利益为根本价值导向，具有确保国家始终沿着社会主义方向前进、保障社会公平和人民权利、集中力量办大事、不断解放和发展社会生产力等显著优势，彰显了中国特色社会主义的强大生命力。中国特色社会主义制度优势的彰显，其根本动因在于这一制度不仅以人民利益为价值导向，而且始终以人民群众为力量源泉。依靠人民群众的力量，我们不仅在探索中国特色社会主义的伟大实践中，形成并发展了中国特色社会主义制度，而且，中国特色社会主义制度体系支撑和保障着我国改革开放和社会主义现代化建设不断取得新胜利。

第一,人民群众决定着中国特色社会主义制度的创立和发展。习近平总书记指出:“人民既是历史的创造者、也是历史的见证者,既是历史的‘剧中人’、也是历史的‘剧作者’。”历史实践表明,一个政权或政党的兴衰成败取决于人民大众是否拥护与支持,正所谓“政之所兴在顺民心,政之所废在逆民心”。制度是一个政权的表达和载体,人们对制度的认同程度深刻地影响着政权的合法性,影响着制度的变革。中国特色社会主义制度的创立和发展离不开人民群众的认同、参与和支持。旧中国深受三座大山压迫,人民身处水深火热之中,推翻原有的剥削制度是广大人民的迫切要求。人民性是马克思主义最鲜明的品格。中国共产党以马克思主义为指导,在人民群众的支持和参与下,推翻了剥削制度,建立了社会主义制度。社会主义制度变革了生产关系,实现了人民当家作主,为当代中国的社会进步和人民生活富裕奠定了根本政治前提和制度基础。任何社会制度都有与时俱进、不断完善的过程,社会主义制度亦如此。随着生产力的发展,人民要求对原有的借鉴苏联模式的社会主义制度进行变革,促成了中国特色社会主义制度的不断发展与完善。人民群众在中国特色社会主义制度创立和发展中的参与和支持作用,适应了时代发展要求,满足了人民群众的根本需求,保证了社会主义制度的方向,激发了社会主义制度的活力。

第二,人民群众决定着中国特色社会主义制度的效能发挥。中国特色社会主义事业是一项艰巨的宏伟事业,其推进需要人民群众的广泛参与和支持,这正如列宁所言:“社会主义不是少数人,不是一个党所能实施的。只有千百万人学会亲自做这件事的时候,他们才能实施社会主义。”[①]中国特色社会主义制度是中国特色社会主义事业的重要组成部分,也为这一事业的实施提供了坚实的制度条件。其一,这一制度具有激发人民群众积极性的巨大优势。中国特色社会主义制度坚持人民主体原则,代表最广大人民群众的根本利益,实现了党的有效领导与人民当家作主的有机统一。毛泽东指出,人民,只有人民,才是创造世界历史的动力。人民群众的积极参与、主

① 《列宁选集》(第三卷),人民出版社 2012 年版,第 464 页。

体作用的发挥，是中国特色社会主义制度优势的集中体现，也是其他制度优势发挥的重要条件。中国特色社会主义建设实践表明，尊重人民群众的首创精神是激发人民群众主体作用的内在要求。人民群众是历史的创造者，群众是真正的英雄。尊重人民首创精神，坚持问政于民、问计于民，才能不断从人民群众中汲取智慧和力量，从而发挥社会主义制度优势，彰显人民力量。其二，这一制度有助于凝聚人民力量。中国特色社会主义建设实践还表明，汇聚人民力量是彰显人民群众主体作用的重要条件。习近平总书记指出："积力之所举，则无不胜也；众智之所为，则无不成也。"在党的领导下，中国特色社会主义制度能将人民的力量汇聚起来，形成建设社会主义的合力，从而不断发挥中国特色社会主义制度效能。

第三，人民群众决定着中国特色社会主义制度的绩效评价。人民群众不仅是中国特色社会主义制度的价值主体、实践主体，而且是中国特色社会主义制度绩效的评价主体。这一制度的比较优势，不仅在于能够创造出更多的物质财富，不断改善人们的生活，更为根本的在于能够激发人们的潜能，满足人的自由全面发展要求。很长一段时间以来，我们更为注重物质财富的增长，关注社会主义制度在物质财富创造上的优势，而相对忽略了发展对于人民群众的意义。邓小平指出，我们制定各项方针政策的出发点和落脚点，要以人民群众"拥护不拥护、赞成不赞成、高兴不高兴、答应不答应"为评判标准。习近平总书记强调，要"以最广大人民根本利益为最高标准。检验我们一切工作的成效，最终都要看人民是否真正得到了实惠"。党的领导人的有关论述，表达了人民群众在中国特色社会主义制度绩效评价中的主体作用。中国特色社会主义制度确立了人民群众的主体地位，因此我们既要注重物质财富的增长对于人的发展意义，也要注重人民群众在社会发展中的评价主体作用。强调人民群众在中国特色社会主义制度绩效评价中的主体作用，有助于匡正以往过分注重物质财富增长的错误政绩观，从而不断增进人民群众的获得感、幸福感和安全感。

四、坚持吸收人类文明优秀成果，保持了制度的开放性

开放带来进步，封闭导致落后。中国特色社会主义制度，既是中国共产党领导中国人民从中国实际出发独立自主的伟大创造，也是积极借鉴人类政治文明和制度文明成果的现代文明结晶。它以开放包容的姿态对待人类文明，积极借鉴人类政治文明和制度文明成果，并按照本国的阶段性特征对其进行科学的调整，使之符合本国国情，真正为我国的改革和建设服务，为发展自己和壮大自己贡献力量。自由、民主、法治、公平、正义、人权、安全、规则、秩序等人类共同创造、拥有和遵循的政治文明成果，在中国特色社会主义制度形成与发展过程中得到了充分吸纳和彰显。这是改革开放的中国之所以充满制度自信的又一种文化底气，是中国特色社会主义制度必将支持中国人民走向美好生活、中华民族走向伟大复兴的一个重要因素。

（一）社会主义只有在学习借鉴中才能实现对资本主义的超越

制度优势，是比较的结果。这从根本上决定了任何一种制度要想赢得其他社会制度，就不能是封闭的，而只能是开放的。只有在开放包容中拓展文明视野，才能在学习和借鉴中实现超越。包括政治文明和制度文明在内的人类文明，是人类共同创造的成果，是人类勤劳与智慧的结晶。

长期以来，在如何认识和对待世界文明，尤其是政治文明和制度文明上，存在着种种偏见和困惑。在西方，从亨廷顿提出的“文明冲突论”到福山宣扬的“历史终结论”，再到近年来美国一些政客在国际事务中有恃无恐地大搞所谓“美国例外”，都裹挟着浓厚的意识形态偏见，都是在刻意渲染资本主义的“决定性胜利”和社会主义的“历史性退场”，傲慢地宣告资本主义的自由民主制是人类社会政治制度中的最优样态。国内有一些人则固守“文明阶级论”“文明不可调和论”的传统思维，把意识形态和社会制度作为衡量文明程度的唯一标准，认为只有社会主义文明才是真正的文明，西方文明则是腐朽的、没落的。作为当今人类社会两种主要的社会制度，社会主义制度和资本主义制度之间尽管在很多方面有本质差别，但也存在一些可以相互

学习、相互借鉴的地方，这一点对于起步较晚的社会主义制度来说尤其重要。关于什么是社会主义，列宁认为，社会主义国家要善于吸收其他国家的好东西，并用一个经典的数学公式进行了描述，“苏维埃政权＋普鲁士的铁路秩序＋美国的技术和托拉斯组织＋美国的国民教育等等等等＋＋＝总和＝社会主义”①。显然，在列宁看来，社会主义国家是建立在吸收其他国家各种优秀成分的基础之上的，社会主义制度也应该吸收其他社会制度的优秀成分。

社会主义制度本质上优越于资本主义制度，这种优越性主要体现在生产力发展和人民生活改善上。如何解放和发展生产力，尽快摆脱贫穷？邓小平认为，一方面，对内要通过改革把经济搞活；另一方面，对外要实行开放政策，向其他国家学习，尤其是要向发达资本主义国家学习。资本主义制度在西方国家经过几百年的发展和完善，创造了较高的生产力，在生产的社会化、企业的经营管理等方面的一些经验和做法值得生产力相对落后的社会主义国家学习借鉴。因此，邓小平在南方谈话中特别强调搞社会主义建设要面向世界，要善于学习、吸收、借鉴其他国家好的经验和做法。由此可见，建立在社会主义制度基础之上的中国特色社会主义制度的优势也在于其开放性，这使得它能够坚持面向世界，吸收其他社会制度的优秀成果，不断充实自己、发展自己。

（二）中国特色社会主义制度在博采众长中彰显比较优势

中国特色社会主义制度不是封闭的，更不是故步自封的，而是包容开放的，能够吸收借鉴，也敢于吸收借鉴人类制度文明成果。中国特色社会主义制度在发展过程中，始终借鉴人类制度文明发展的优秀成果，从不拒绝对体现人类文明成果的制度和治理方式的借鉴。中国特色社会主义制度就是要通过吸收和借鉴其他国家的先进经营方式、管理方法，从根本上改造中国传统的、落后的经营方式和管理方法，从而创造出比资本主义更高的生产力。

首先，在促进生产力发展的体制机制建设上，我们强调一切反映社会化

---

① 《列宁全集》（第三十四卷），人民出版社 2017 年版，第 520 页。

生产规律的经营方式和组织形式都可以大胆利用。例如,在发展市场经济的过程中,中央提出:股份制是现代企业的一种资本组织形式,有利于所有权和经营权的分离,有利于提高企业和资本的运作效率,资本主义可以用,社会主义也可以用。这不仅解放了我们的思想,而且使社会主义市场经济的发展找到了实现的重要路径。1998 年 12 月 18 日,在纪念党的十一届三中全会召开 20 周年大会上,江泽民指出:必须打开大门搞建设,必须大胆吸收和利用国外的资金、先进技术和一切进步的东西,大胆吸收和借鉴当今世界各国包括资本主义发达国家的一切反映现代化社会化生产规律的先进经营方式、管理方法,把坚持发扬我们民族的优秀传统文化同积极学习人类社会创造的一切文明成果结合起来。10 年后的 2008 年 12 月 18 日,在纪念党的十一届三中全会召开 30 周年大会上,胡锦涛也指出:我们不断扩大对外开放,把“引进来”和“走出去”紧密结合起来,认真学习借鉴人类社会创造的一切文明成果。2018 年 12 月 18 日,在庆祝改革开放 40 周年大会上,习近平强调指出:自古以来,中华民族就以“天下大同”“协和万邦”的宽广胸怀,自信而又大度地开展同域外民族交往和文化交流,曾经谱写了万里驼铃万里波的浩浩丝路长歌,也曾经创造了万国衣冠会长安的盛唐气象。这种宽广胸怀正是中国特色社会主义制度和国家治理成熟壮大的强大动力。

其次,在政府机构改革过程中,我们吸收借鉴了西方国家行政体制发展中具有普遍性的经验。1993 年 10 月 1 日,《国家公务员暂行条例》开始施行,这是我国人事制度改革和发展的里程碑,标志着具有中国特色的国家行政机关新的人事管理制度的基本确立。国家公务员制度是在继承和发扬我国干部人事管理优良传统和基本经验的基础上,吸收党的十一届三中全会以来干部人事制度改革的成果,并借鉴发达国家的有益做法而形成的。发达国家的有益做法为当今世界大部分国家所采用,反映了现代人事管理基本规律,我们学习借鉴是必然的。当然,这种借鉴不是照抄照搬,而是结合国情加以科学改造。

最后,在社会发展方面,我们吸收借鉴了发达国家社会保障制度的成功做法,建立了符合自身特点的社会保障制度。《中共中央关于坚持和完善中国特色社会主义制度 推进国家治理体系和治理能力现代化若干重大问题的决定》指出：完善覆盖全民的社会保障体系，坚持应保尽保原则，健全统筹城乡、可持续的基本养老保险制度、基本医疗保险制度，稳步提高保障水平；加快建立基本养老保险全国统筹制度；加快落实社保转移接续、异地就医结算制度，规范社保基金管理，发展商业保险。正是因为中国特色社会主义制度善于学习借鉴，才使得这一制度更具优越性。对此，邓小平曾经非常自豪地预言："我们的制度将一天天完善起来，它将吸收我们可以从世界各国吸收的进步因素，成为世界上最好的制度。"①如今，这一预言正在变为现实。中国特色社会主义制度以开放、包容的心态广泛学习、吸收、借鉴了其他社会制度包括资本主义制度的优秀成分，坚持以我为主、洋为中用，在较短的时间内形成了自身制度体系，并在实践中不断充实、不断完善。在这一制度体系的保障下，中国特色社会主义事业蒸蒸日上，取得了显著成就，赢得了人民的称赞，获得了国际社会的好评，中国模式、中国道路、中国梦等中国元素正成为世界各国热议的话题。

---

① 《邓小平文选》（第二卷），人民出版社1994年版，第337页。

第四章　中国特色社会主义制度优势的实践逻辑

制度是实践的产物，实践是制度的基础。制度只有建立在坚实的实践基础之上，才能够立得牢、站得稳；制度也只有经得起实践的反复检验，才能证明其优越性。中国特色社会主义制度优势的实践逻辑，一方面在于中国特色社会主义制度是中国特色伟大实践的产物，是我们党和人民在“摸着石头过河”探索和建设中国特色社会主义的过程中，不断把发展中的好经验、好方法确立为制度，并且与时俱进地将其不断完善的过程中形成的。另一方面，实践成就无疑是制度优势最有力的证明。新中国成立70多年来，我们党领导人民创造了世所罕见的两大奇迹：一是经济快速发展奇迹，二是社会长期稳定奇迹。实践证明，中国特色社会主义制度是有效的、管用的制度，是具有鲜明中国特色、明显制度优势、强大自我完善能力的先进制度，它不仅使中华民族以崭新的姿态屹立于世界东方，而且不断推动中国走向世界舞台中心，以中国经验、中国智慧、中国方案为世界发展作出中国贡献。

一、实现了中华民族从站起来、富起来到强起来的伟大飞跃

实现中华民族伟大复兴是近代以来中华民族最伟大的梦想，也是激励中华儿女团结奋进、开辟未来的精神旗帜。近代以来，为了实现中华民族伟大复兴，各阶级、阶层的先进中国人进行了各种各样的探索，但最终，只有中国共产党领导的社会主义制度取得了最终的胜利，并成就了今日中国的经济和国际地位。这是中国特色社会主义制度优势最坚实有力的证明。

（一）民族救亡图存运动中的制度探索：中华民族站起来的艰难追寻

在数千年的历史演进中，中国古人曾创造出国家治理的深厚制度文化，形成内容丰富、影响广泛的国家制度体系。这些国家制度体系曾一度领先世界，并为他国所效仿。然而，近代中国在外部帝国主义入侵和内部腐朽统治的双重绞杀下，遭遇了历史上罕见的"制度危机"。在见识过西方坚船利炮的威力后，不甘落后的近代中国人将国家富强和民族复兴的希望寄托于实行和发展资本主义，他们向西方学习，对内部革新，不断寻求救国救民的制度方案。

太平天国运动是中国近代历史上规模最大的一次农民起义运动。不同于中国历史上以往的农民起义运动，此次运动在反对清朝封建专制统治的同时还带有明显的反对外来资本主义侵略的特征。1853 年，太平军定都天京，其领导者洪秀全颁布了《天朝田亩制度》，根据"凡天下田，天下人同耕"的原则，把土地分为三六九等，要求按人口平均分配，16 岁以上不分男女每人一份，16 岁以下减半。《天朝田亩制度》突出反映了太平天国的社会理想和这场农民起义战争的典型特征，即其革命目标主要在于建立一个自给自足的理想小农社会，并没有超出农民小生产者的狭隘眼界，而且也不符合历史发展的潮流和现实情势的发展，这也注定了其社会理想的空想性。1859 年，太平天国的干王洪仁玕颁布了一部资本主义色彩比较浓厚的施政纲领——《资政新篇》，主张在经济、政治、思想文化和外交各领域积极学习西方，比如：在政治上，主张"禁朋党之弊"，统一政令，以法治国；在经济上，主张发展近代工矿、交通、邮政、银行等事业，奖励科技发明和机器制造，提倡资本主义的雇佣劳动制；等等。洪仁玕企图在农民革命基础上建立资本主义制度，这一思想具有进步意义。但由于当时中国缺乏实现这一纲领的社会条件和阶级基础，加上太平天国仍然处在紧张激烈的战争环境中，这一施政纲领并没有得到实施，但是它仍然开了近代中国制度思想史的先河。太平天国运动最终的失败也表明在半殖民地半封建社会的中国，农民阶级虽然具有巨大的革命潜力，但其本身并不能担负起领导中国革命的任务。

在清政府统治内外交困的境遇下，以曾国藩、李鸿章、张之洞为代表的地主阶级洋务派开启了以“中学为体，西学为用”为理论指导的洋务运动。这场运动以“自强”和“求富”为目标，主张“师夷长技以自强”，引进西方先进的军事装备、生产机器和科学技术，发展本国的军用工业和民用工业。这些思想和举措对刺激中国近代资本主义生产方式的产生和发展，在客观上起到一定的积极作用。然而，在不触动封建统治根基的前提下，洋务派企图以吸取西方近代生产技术为手段，来达到维护和巩固清朝封建统治的目的，这种手段和基础的矛盾，注定了洋务运动必然失败的命运。再加上中国是一个半殖民地半封建社会，列强并不希望中国真正富强起来，国内一些顽固派也对运动百般阻挠，洋务派自身又缺乏管理新式企业的经验等原因，洋务运动最终失败了。洋务运动的失败表明：在不触动封建专制统治、未摆脱帝国主义侵略与控制的前提下，试图通过某一方面（技术）的枝节改革达到自强求富的目标是不可能实现的；在半殖民地半封建社会的中国，封建地主阶级的自救是行不通的。

1895 年甲午海战的失败，引发了新的民族危机，激发了新的民族觉醒。以康有为、梁启超为代表的资产阶级维新派逐步登上中国历史的舞台，探索救亡图存之道。他们把向西方学习推进到一个新的高度，即不但要求学习西方的先进技术，而且要求学习西方资本主义的政治制度和思想文化，主张在中国发展君主立宪思想，并在光绪皇帝的支持下，进行了变法运动。维新派主张学习西方，赋予民众一定的权利，推行资产阶级政治改革，“立宪法，开国会”，注重发展工商业，传播资产阶级的科学文化思想观念，等等。这是近代中国首次尝试以资本主义的方式变革中国社会政治制度所做的努力，但是，这场维新变法运动由于受到强大守旧势力的顽强反对和资产阶级力量过于弱小、维新派无严密组织且不掌握实权等原因，仅仅维持了 103 天就宣告失败。

1900 年间的八国联军侵华及清廷反抗的失败，使中华民族面临着日益深重的民族危难，中国面临被瓜分的危险，国内外矛盾日渐尖锐。在严重的统治危机下，清政府被迫进行改革，以期挽救自身的统治。1901 年，清政府宣布参酌中西，实行新政。1908 年，清政府颁布了《钦定宪法大纲》，并且在此基础上制定了一系列新法规。同时，还开启了君主立宪的实践，确定了君主立宪的改革方向。总体而言,这一改革无论从内容、形式还是后果和影响来看,都远远超过了维新派倡导的戊戌变法,其最终失败则证明:在半殖民地半封建社会的中国,企图通过统治者进行自上而下的改良道路,是根本行不通的;要想争取国家的独立、民主、富强,必须用革命手段,推翻帝国主义、封建主义联合统治下的半殖民地半封建的社会制度。资产阶级革命派领导的辛亥革命就是在这种历史背景下出现在中国历史舞台的。

辛亥革命是20世纪中国所发生的第一次历史性巨变,它是近代中国历史上第一次比较完全意义上的反帝反封建的民族民主革命。革命推翻了清王朝的封建统治,结束了统治中国几千年的君主专制制度,并在中国大地上树立起民主共和国的旗帜。1912年元旦,孙中山在南京就任中华民国第一任临时大总统,新政府制定了具有资产阶级共和国宪法性质的《中华民国临时约法》,颁布了多项政策和法令,推行了一系列充满民主共和精神、废除封建陋习的革新措施,客观上极大地促进了中华民族的思想解放,传播了民主共和的理念,打开了中国进步潮流的闸门,激励着无数中国人民为争取民族独立和人民解放、实现国家富强而更加勇敢地奋斗。但是,由于领导这场革命的中国民族资产阶级力量的软弱和政治上的不成熟,革命始终没有形成一个坚强有力的领导核心,也提不出一个足以广泛动员工农大众参加革命运动的、明确反帝反封建的政治纲领,再加上帝国主义和封建势力在中国的统治力量过于强大,以孙中山为首的南京临时政府仅存在3个月就被以袁世凯为代表的北洋军阀政府所取代。从根本上看,辛亥革命没有改变旧中国半殖民地半封建的社会性质和中国人民的悲惨境遇,没有完成实现民族独立、人民解放的历史任务。[①] 从这个意义上讲,辛亥革命没有成功。辛亥革命及其后孙中山领导的多次护法运动、护国运动的失败,也终结了中国人民通过资本主义制度实现民族独立的愿望。在这场革命中接受洗礼的中国人民,尤其是中国先进分子继续探寻救国救民道路。

正当中国人民对未来道路的探索感到迷茫时,十月革命一声炮响,给中国送来了马克思主义,中国的先进知识分子开始把学习的目光由西方转向

① 习近平:《在纪念辛亥革命110周年大会上的讲话》,人民网2019年10月10日。

东方。在马克思列宁主义同中国工人运动的紧密结合中，中国共产党应运而生。中国共产党一经诞生，就把为中国人民谋幸福、为中华民族谋复兴确立为自己的初心和使命，点亮了实现中华民族伟大复兴的灯塔。[①] 为实现民族独立、人民解放，中国共产党把马克思主义基本原理同中国革命具体实际相结合，团结带领中国人民找到了一条农村包围城市、武装夺取政权的正确革命道路，进行了28年浴血奋战，打败日本帝国主义，推翻了国民党反动统治，完成了新民主主义革命，建立了中华人民共和国。[②] 新民主主义革命的胜利，彻底结束了旧中国半殖民地半封建社会的历史，彻底结束了旧中国一盘散沙的局面，彻底废除了列强强加给中国的不平等条约和帝国主义在中国的一切特权，为实现中华民族伟大复兴创造了根本社会条件。[③]

综上，在近代中国，当中华民族陷入深重苦难之际，农民阶级、地主阶级、资产阶级纷纷提出了救国方案，却都因为各种原因而最终没有成功，而唯有中国共产党领导的新民主主义革命最终取得了胜利，进而在中国成功确立起社会主义制度，实现了中华民族有史以来最为广泛而深刻的社会变革。正反两方面的事实都有力地说明：只有马克思主义能够救中国，只有社会主义制度能够发展中国！

（二）改革开放历程中的制度变革：中华民族从站起来到富起来的飞跃

新中国成立之后，中国共产党领导人民在进行社会主义制度建设的道路上艰辛地探索，并取得了一系列重要建设成果。我们党确立了人民当家作主的国家制度，建立起社会主义基本制度，探索适合国情的社会主义建设道路，为当代一切发展进步奠定了根本的政治前提和制度基础。[④]

然而，从20世纪50年代后期开始，由于对社会主义规律和社会主义建设缺乏正确认识，加之对国内外形势缺乏准确研判，致使社会主义建设总的

① 习近平：《在纪念辛亥革命110周年大会上的讲话》，人民网2019年10月10日。

② 曲青山：《中国共产党百年辉煌》，《光明日报》2021年2月3日第11版。

③ 习近平：《在庆祝中国共产党成立100周年大会上的讲话》，人民网2021年7月1日。

④ 何毅亭：《中国特色社会主义制度和国家治理体系形成的历程和成就》，人民网2019年12月2日。

指导思想逐步发生了“左”的偏差。[①] 在这种情况下,制度建设随之也经历了一段曲折,产生了一些失误。新中国成立以后探索形成的一些行之有效的好制度、好办法,没有一以贯之,甚至被废止和抛弃;对一些不合理制度的改革,以及亟待形成的相互配套的体制机制建设也没有如期展开;社会主义制度不健全、不完善的状况日益突出,极大妨碍了社会主义制度优越性的发挥,也为“文化大革命”这样全局性长期性错误的发生创造了条件;“文化大革命”期间,制度建设更是遭到严重破坏。

“文化大革命”结束后,我们党在全面总结历史经验教训的基础上,深刻认识到制度建设的重要性。邓小平指出:“制度是决定因素”[②],“我们过去发生的各种错误,固然与某些领导人的思想、作风有关,但是组织制度、工作制度方面的问题更重要。这些方面的制度好可以使坏人无法任意横行,制度不好可以使好人无法充分做好事,甚至会走向反面”[③]。发生“文化大革命”这样的事情,“不是说个人没有责任,而是说领导制度、组织制度问题更带有根本性、全局性、稳定性和长期性。这种制度问题,关系到党和国家是否改变颜色,必须引起全党的高度重视”[④]。

1978年党的十一届三中全会的胜利召开,开启了改革开放和社会主义现代化建设的新时期,实现了新中国成立以来党的历史上具有深远意义的伟大转折。党的十一届三中全会后,我们一方面恢复了“文化大革命”中被破坏了的根本政治制度和基本政治经济制度等制度体系,另一方面对原有制度和体制的弊端进行了初步变革。其中最大的变革就是经济上把社会主义计划经济体制变革为社会主义市场经济体制;政治上加快党和国家领导制度的变革,大力推进政治体制改革。同时,党还领导人民积极推进文化体制、社会体制、生态文明体制、军事体制等各方面的改革,不断完善和发展中国特色社会主义制度,国家治理体系的活力和效率不断提升。

一是健全和完善党和国家的领导制度。办好中国的事情,关键在党,关

① 黄一兵:《中国特色社会主义制度》,广东教育出版社2014年版,第68页。
② 《邓小平文选》(第二卷),人民出版社1994年版,第308页。
③ 《邓小平文选》(第二卷),人民出版社1994年版,第333页。
④ 《邓小平文选》(第二卷),人民出版社1994年版,第333页。

键在党的领导。健全和完善党和国家的领导制度,对于坚持和发展中国特色社会主义、推进社会主义现代化建设至关重要。党的十一届三中全会着重提出了健全社会主义民主和加强社会主义法制的任务,要求健全党的民主集中制,健全党规党法,严肃党纪;全体党员和党的干部都要遵守纪律,并强调党中央和各级党委要加强集体领导。1980 年 8 月 18 日至 23 日,中央政治局召开扩大会议,讨论党和国家领导制度的改革及其有关问题。邓小平代表党中央在会上作了《党和国家领导制度的改革》的重要讲话,讲话总结了国内外社会主义国家政权建设的历史经验,特别是中国十年“文化大革命”的深刻教训,尖锐揭露和分析了现行政治体制存在的种种弊端及其产生的原因,系统精辟地阐述了党和国家领导制度改革的目的、检验标准、主要内容和必须遵循的原则,形成了较为系统的党和国家领导体制改革的基本思想。讲话的中心思想,就是通过对现行党和国家领导制度的改革来推进社会主义民主进程,为社会主义现代化事业的发展提供更好的制度保障。这篇重要讲话,提出了党和国家领导制度改革的一系列基本指导思想,为我国政治体制改革指明了方向,也成为新时期党和国家领导体制改革的根本纲领。在这篇讲话的引领下,党逐步开启了恢复和健全民主集中制、改革党的干部人事制度、改革党的领导机构等一系列领导制度的改革和发展,也为其他领域的改革提供了重要借鉴。伴随着改革开放事业的深入推进,结合社会主义市场经济体制改革的不断探索,我们党也不断推进党的领导制度的发展和完善,逐步健全提高党的执政能力和领导水平制度,逐步建立健全从严治党制度体系,并在实践中探索出了党的领导、人民当家作主和依法治国有机统一的中国特色社会主义民主政治道路,为社会主义事业的推进提供了坚强制度保证。

二是健全和完善社会主义基本经济制度。党的十一届三中全会作出把党和国家工作重心转移到社会主义现代化建设上来、实行改革开放的历史性决策,开启了我国社会主义事业改革发展的新时期。改革首先从在农村实行家庭联产承包责任制开始,逐步向城市经济体制综合改革推进。1984 年 10 月,中共十二届三中全会通过了《中共中央关于经济体制改革的决定》,《决定》指出,中国的社会主义经济是公有制基础上的有计划的商品经济，并提出要充分运用市场机制发展社会主义经济，这实质上是中国在经过几年的探索和实践之后，向市场经济过渡的重要里程碑。1992年春天，邓小平发表了南方谈话，强调中国要搞市场经济，并进一步明确了下一步经济制度变革的基本思路和方向。南方谈话之后，中国的市场经济体制改革快速向前推进，1992年10月召开的党的十四大第一次将社会主义市场经济确立为中国经济制度变革的目标，从而为社会主义基本经济制度的确立奠定了坚实的体制基础。接着，1993年中共十四届三中全会通过了《关于建立社会主义市场经济体制若干问题的决定》，《决定》对建立社会主义市场经济制度的方式方法做了具体安排，明确了社会主义市场经济制度的基本框架，标志着中国特色社会主义市场经济制度在我国的最终确立。1997年党的十五大明确提出公有制为主体、多种所有制经济共同发展是社会主义初级阶段的基本经济制度，并提出非公有制经济是社会主义市场经济的重要组成部分、公有制实现形式可以多样化等理论观点。这标志着我国基本经济制度的确立。此后一系列经济体制方面的改革逐步深入，为解放和发展社会主义生产力、提升我国综合国力奠定坚实基础。

三是健全和完善社会主义先进文化制度。党的十一届三中全会后，文化建设领域的恢复和重建工作也正式展开，"百花齐放、百家争鸣"作为我国社会主义文化建设的基本方针被重新确立起来。党的十五大全面阐述了社会主义初级阶段的文化基本纲领，就是以马克思主义为指导，以培育有理想、有道德、有文化、有纪律的公民为目标，发展面向现代化、面向世界、面向未来的，民族的科学的大众的社会主义文化。党的十六大以来，中国特色社会主义文化制度建设全面提速、整体推进并取得了重要进展，胡锦涛在2011年7月1日庆祝建党九十周年大会上的讲话，标志着中国特色社会主义文化制度的正式确立。[①] 改革开放促进了我国文化事业各领域的繁荣和发展，社会主义文化建设领域的各项具体制度也不断走向完善。国家对新闻出版、文艺演出、对外文化交流等文化体制方方面面的改革做了很多具体的制度性安排，推动了社会主义文化事业的繁荣兴盛。2011年党的十七届六中全

① 李科：《中国特色社会主义制度研究》，中共中央党校2013年博士学位论文，第89页。

会通过了《中共中央关于深化文化体制改革 推动社会主义文化大发展大繁荣若干重大问题的决定》,《决定》全面总结了党的十六大以来文化改革发展的实践经验,提出了发展完善中国特色社会主义文化制度的各项要求,文化制度建设的指导思想更加清晰,任务更加明确。①

四是建立并完善中国特色社会主义的社会制度。改革开放后,社会保障领域也逐步恢复和重建。这其中一马当先的就是教育领域的建设和发展。1977 年,刚刚复出的邓小平同志主持召开科学和教育工作座谈会,作出于当年恢复高考的决定。同年 9 月,中国教育部在北京召开全国高等学校招生工作会议,决定恢复已经停止了 10 余年的全国高等院校招生考试,以统一考试、择优录取的方式选拔人才上大学。高考制度的恢复,使中国的人才培养重新步入了健康发展的轨道,也为我国在新时期及其后的发展腾飞打下了良好的基础。与此同时,国家也高度重视基础教育和职业教育的发展,相继出台了《中华人民共和国义务教育法》《中华人民共和国职业教育法》等法律法规和相关配套制度。经过几十年的发展,中国的教育制度在总结经验教训的基础上越来越完善健全,成为支撑社会发展的重要基础和依托力量。除此之外,我们还逐步建立了与社会主义市场经济相适应的基本分配制度、就业制度、社会保障制度、医疗卫生制度、社会管理制度。2006 年 10 月,党的十六届六中全会上通过了《中共中央关于构建社会主义和谐社会若干重大问题的决定》,对中国特色社会主义社会建设事业作了进一步的深入阐释。在党的十七大报告中,胡锦涛对加快推进以改善民生为重点的社会建设提出了具体的要求。伴随着中国城市化进程的加快,中国特色社会主义社会建设制度的建立和完善,对于促进经济社会长远发展和保障社会长期稳定发挥着举足轻重的作用。

综上所述,改革开放以来,我们党在总结制度建设正反两方面经验的基础上,结合我国社会主义现代化建设实践的推进,将社会主义制度的“普遍性”同中国国情的“特殊性”相结合,立破并举、正本清源,逐步形成了一套具有中国特色的社会主义制度。这一制度的形成和发展,极大地激发了中国

---

① 李科:《中国特色社会主义制度研究》,中共中央党校 2013 年博士学位论文,第 89 页。

社会主义事业的生机和活力,也为中国社会一切发展进步打下坚实基础。从1978年至2012年,我国经济高速增长,国内生产总值先后超过意大利、法国、英国、德国。其中,2009年,我国贸易出口超过德国,成为世界第一大出口国。我国成为18世纪60年代工业革命以来继英国、美国、日本、德国之后的"世界工厂",并于2010年跨入中等偏上收入国家的行列。同样在2010年,国内生产总值超过日本,成为世界第二大经济体。这一时期的伟大成就,为实现中华民族伟大复兴提供了充满新活力的体制保证和快速发展的物质条件,也无疑成为这一时期形成的中国特色社会主义制度优越性最鲜明的注脚。

(三)中国特色社会主义进入新时代:中华民族前所未有地接近伟大复兴目标

党的十八大以来,中国特色社会主义进入新时代,党和人民开启全面深化改革的新征程。以习近平同志为核心的党中央通过统筹推进"五位一体"总体布局、协调推进"四个全面"战略布局,推动中国特色社会主义制度更加完善、国家治理体系和治理能力现代化水平明显提高,为党和国家事业取得历史性成就、发生历史性变革提供了有力保障。

2013年11月12日,中共中央第十八届三中全会召开,会议通过了《中共中央关于全面深化改革若干重大问题的决定》(以下简称《决定》),对于新时代全面深化改革的总体目标、主攻方向、重点任务、方法路径等方面提出一系列具有突破性、战略性、指导性的重要思想和重大论断,科学回答了在新时代为什么要全面深化改革、怎样全面深化改革等一系列重大理论和实践问题,使改革方向更明确、动力更充足、路径更清晰、方法更科学,为在新的历史起点上全面深化改革提供了根本遵循。特别是《决定》明确提出,全面深化改革的总目标是完善和发展中国特色社会主义制度、推进国家治理体系和治理能力现代化。在这一目标指引下,我国进一步推进全面深化改革,开创了社会主义现代化建设的新局面,中国特色社会主义制度的显著优势也进一步彰显。

在全面加强党的领导上,围绕确保党中央集中统一领导作用不断深化改革。明确中国特色社会主义最本质的特征是中国共产党领导，中国特色社会主义制度的最大优势是中国共产党领导，中国共产党是最高政治领导力量，坚持党中央集中统一领导是最高政治原则，系统完善党的领导制度体系，全党增强“四个意识”，自觉在思想上政治上行动上同党中央保持高度一致，不断提高政治判断力、政治领悟力、政治执行力，确保党中央权威和集中统一领导，确保党发挥总揽全局、协调各方的领导核心作用，我们这个拥有九千六百多万名党员的马克思主义政党更加团结统一。①

在经济建设领域，围绕使市场在资源配置中起决定性作用、更好发挥政府作用，深化经济体制改革，提出并贯彻新发展理念，着力推进高质量发展，推动构建新发展格局，实施供给侧结构性改革，制定一系列具有全局性意义的区域重大战略。这一时期我国社会主义基本经济制度不断完善，市场主体活力不断增强，市场竞争环境更加公平有序，城乡居民收入持续增长，我国经济发展平衡性、协调性、可持续性明显增强，国家经济实力、科技实力、综合国力跃上新台阶，国内生产总值从 54 万亿元增长到 114 万亿元，我国经济总量占世界经济的比重达 18.5%，提高 7.2 个百分点，稳居世界第二位。人均国内生产总值从 3.98 万元增加到 8.1 万元。② 我们还加快推进科技自立自强，不断加强基础研究和原始创新，一些关键核心技术实现突破，战略性新兴产业发展壮大，载人航天、探月探火、卫星导航、量子信息等领域取得一系列重大成果，进入创新型国家行列。③

在政治建设领域，围绕坚持党的领导、人民当家作主、依法治国有机统一，深化政治体制改革，积极发展全过程人民民主，健全全面、广泛、有机衔接的人民当家作主制度体系，我国社会主义民主政治制度化、规范化、程序化全面推进，社会主义协商民主广泛开展，人民当家作主更为扎实，基层民

① 习近平：《高举中国特色社会主义伟大旗帜 为全面建设社会主义现代化国家而努力奋斗——在中国共产党第二十次全国代表大会上的报告》，人民出版社 2022 年版，第 6—7 页。

② 习近平：《高举中国特色社会主义伟大旗帜 为全面建设社会主义现代化国家而努力奋斗——在中国共产党第二十次全国代表大会上的报告》，人民出版社 2022 年版，第 8 页。

③ 习近平：《高举中国特色社会主义伟大旗帜 为全面建设社会主义现代化国家而努力奋斗——在中国共产党第二十次全国代表大会上的报告》，人民出版社 2022 年版，第 8 页。

主活力增强，爱国统一战线巩固拓展，民族团结进步呈现新气象，党的宗教工作基本方针得到全面贯彻，人权得到更好保障。社会主义法治国家建设深入推进，全面依法治国总体格局基本形成，中国特色社会主义法治体系加快建设，司法体制改革取得重大进展，社会公平正义保障更为坚实，法治中国建设开创新局面。[①] 党运用法治方式领导和治理国家的能力显著增强。

在文化建设领域，围绕建设社会主义核心价值体系、社会主义文化强国，深化文化体制改革，确立和坚持马克思主义在意识形态领域指导地位的根本制度，新时代党的创新理论深入人心，社会主义核心价值观广泛传播，中华优秀传统文化得到创造性转化、创新性发展，文化事业日益繁荣，网络生态持续向好，意识形态领域形势发生全局性、根本性转变。我们隆重庆祝中国人民解放军建军90周年、改革开放40周年，隆重纪念中国人民抗日战争暨世界反法西斯战争胜利70周年、中国人民志愿军抗美援朝出国作战70周年，成功举办北京冬奥会、冬残奥会，青年一代更加积极向上，全党全国各族人民文化自信明显增强、精神面貌更加奋发昂扬。[②] 所有这些，为新时代开创党和国家事业新局面提供了坚强思想保证和强大精神力量。

在社会建设领域，围绕更好保障和改善民生、促进社会公平正义，深化社会体制改革，深入贯彻以人民为中心的发展思想，在幼有所育、学有所教、劳有所得、病有所医、老有所养、住有所居、弱有所扶上持续用力，人民生活全方位改善。人均预期寿命增长到78.2岁。居民人均可支配收入从1.65万元增加到3.51万元。城镇新增就业年均1300万人以上。建成世界上规模最大的教育体系、社会保障体系、医疗卫生体系，教育普及水平实现历史性跨越，基本养老保险覆盖10.4亿人，基本医疗保险参保率稳定在95%。及时调整生育政策。改造棚户区住房4200多万套，改造农村危房2400多万户，城乡居民住房条件明显改善。互联网上网人数达10.3亿人。人民群众

① 习近平：《高举中国特色社会主义伟大旗帜 为全面建设社会主义现代化国家而努力奋斗——在中国共产党第二十次全国代表大会上的报告》，人民出版社2022年版，第9—10页。

② 习近平：《高举中国特色社会主义伟大旗帜 为全面建设社会主义现代化国家而努力奋斗——在中国共产党第二十次全国代表大会上的报告》，人民出版社2022年版，第10页。

获得感、幸福感、安全感更加充实、更有保障、更可持续，共同富裕取得新成效。[①] 党领导人民创建了人民安居乐业、社会安定有序的良好局面。

在生态文明建设领域，围绕建设美丽中国深化生态文明体制改革，坚持绿水青山就是金山银山的理念，坚持山水林田湖草沙一体化保护和系统治理，全方位、全地域、全过程加强生态环境保护，生态文明制度体系更加健全，建立健全自然资源资产产权制度、国土空间开发保护制度、生态文明建设目标评价考核制度和责任追究制度、生态补偿制度、河湖长制、林长制、环境保护“党政同责”和“一岗双责”等制度，污染防治攻坚向纵深推进，绿色、循环、低碳发展迈出坚实步伐，生态环境保护发生历史性、转折性、全局性变化，我们的祖国天更蓝、山更绿、水更清。[②] 美丽中国建设迈出重大步伐，我国生态环境保护发生历史性、转折性、全局性变化。

2019 年 10 月 31 日，党的十九届四中全会审议通过了《中共中央关于坚持和完善中国特色社会主义制度 推进国家治理体系和治理能力现代化若干重大问题的决定》，明确提出了中国特色社会主义制度和国家治理体系的基本内涵、显著优势，并对坚持和发展中国特色社会主义制度、推进国家治理体系和治理能力现代化的总体目标、重点任务作出系统部署，成为我们党在新时代带领人民坚持和完善中国特色社会主义制度、推进国家治理现代化的政治宣言、行动纲领和根本遵循。全会的一大突出成就是明确提出我国国家制度和国家治理体系具有多方面的显著优势，这些显著优势是我们坚定中国特色社会主义道路自信、理论自信、制度自信、文化自信的基本依据。

党的二十大报告指出，十八大以来的十年，我们经历了对党和人民事业具有重大现实意义和深远历史意义的三件大事：一是迎来中国共产党成立一百周年，二是中国特色社会主义进入新时代，三是完成脱贫攻坚、全面建成小康社会的历史任务，实现第一个百年奋斗目标。这是中国共产党和中

---

① 习近平：《高举中国特色社会主义伟大旗帜 为全面建设社会主义现代化国家而努力奋斗——在中国共产党第二十次全国代表大会上的报告》，人民出版社 2022 年版，第 10—11 页。

② 习近平：《高举中国特色社会主义伟大旗帜 为全面建设社会主义现代化国家而努力奋斗——在中国共产党第二十次全国代表大会上的报告》，人民出版社 2022 年版，第 11 页。

国人民团结奋斗赢得的历史性胜利，是彪炳中华民族发展史册的历史性胜利，也是对世界具有深远影响的历史性胜利。①

事实胜于雄辩。中国特色社会主义事业的伟大实践，集中体现了中国特色社会主义的特点，也充分展现了中国特色社会主义制度的巨大魅力和比较优势，有力回击了西方国家对中国特色社会主义制度的污蔑，庄严宣告了西方学者所谓的“历史终结”理论的彻底破产。中国特色社会主义事业的伟大实践，以无可辩驳的事实证明，中国特色社会主义制度尽管还不够成熟和完善，但是历史地看，这一制度能够最大程度地解放和发展社会生产力，最大程度地满足人民群众日益增长的物质文化需要和美好生活需要，能够最大程度地保持党和国家活力，调动广大人民群众和社会各方面积极性、主动性、创造性，能够最大程度地维护社会和谐稳定，维护和促进社会公平正义。中国特色社会主义制度不仅经得起实践的检验，而且有利于推动中国各项事业发展。当前，我国正处于全面建设社会主义现代化国家的新征程中，中国特色社会主义制度将继续发挥为中国经济社会发展保驾护航的重要作用。

二、开创了科学社会主义发展的新局面

科学社会主义是马克思、恩格斯创立的关于无产阶级解放斗争发展规律的科学，是指导各国无产阶级革命及社会主义建设事业的理论。1848 年，《共产党宣言》的发表标志着科学社会主义的诞生。科学社会主义从产生到现在一共有 170 多年的历史。在这 170 多年中，科学社会主义经历了从理论到实践、从一国到多国、从胜利到挫折再到奋起的发展进程。中国是世界上为数不多至今仍高举科学社会主义旗帜的社会主义国家，并且在不断变革不适应生产力发展要求的体制机制中进行着制度创新，推动着社会主义制度的自我完善和发展，并由此形成了独具中国特色的社会主义制度，从而开

① 习近平：《高举中国特色社会主义伟大旗帜 为全面建设社会主义现代化国家而努力奋斗——在中国共产党第二十次全国代表大会上的报告》，人民出版社 2022 年版，第 4 页。

创了科学社会主义发展的新局面。回顾科学社会主义在各国的实践,更能凸显中国特色社会主义制度的显著优势。中国特色社会主义制度的发展,也必将对其他社会主义国家的实践带来一定启示和借鉴。

(一)科学社会主义从一国到多国的发展

19 世纪马克思、恩格斯创立科学社会主义后,20 世纪把科学社会主义从理论变为社会制度实践的首要代表人物是列宁。1917 年,在以列宁为首的布尔什维克党的领导下,俄国无产阶级在经济相对并不发达的俄国,推翻了地主资产阶级政权,创建了人类历史上第一个社会主义国家——苏俄,在人类历史上第一次使科学社会主义由理想变为现实,打破了资本主义一统天下的世界格局。十月革命之后列宁领导布尔什维克先后实行了"战时共产主义"和新经济政策,探索社会主义建设道路。在俄国十月革命的影响下,国际共产主义运动和反帝斗争开创了崭新的局面,欧洲到处掀起蓬勃的革命新高潮。殖民地和附属国人民的斗争也进入一个新的阶段,1918 年,全世界建立的共产党组织达到 77 个,党员达 550 万人。[①]

第二次世界大战后,世界的政治格局发生了迅速且重大的变化。在欧洲,波兰、捷克斯洛伐克、罗马尼亚、匈牙利、保加利亚、南斯拉夫、阿尔巴尼亚和德国东部相继脱离资本主义体系,走上社会主义道路。在亚洲,朝鲜、越南、中国也相继实现社会主义革命胜利的目标。这样,连同苏联和稍早实现社会主义的蒙古国,全世界共有 13 个共产党领导的社会主义国家,形成了拥有世界 1/4 的土地和 1/3 的人口的强大社会主义世界体系。这个体系的形成,根本改变了战后国际力量对比和世界格局。20 世纪 60 年代,拉丁美洲的古巴走上社会主义道路。到了 20 世纪 70 年代,又有亚洲的柬埔寨、老挝相继走上社会主义道路,共产党领导的社会主义国家达到 16 个。

社会主义从一国到多国的发展,是世界社会主义运动的又一次历史性胜利,它大大发展了俄国十月革命的成果,丰富了科学社会主义的理论与实

① 肖浩辉:《社会主义五百年与中国特色社会主义》,《中国延安干部学院学报》2017 年第 5 期。

践，充分显示了社会主义制度的巨大优越性和旺盛生命力。① 社会主义制度的确立，也为这些国家社会生产力的发展和人民群众生活水平的提升开拓了广阔的道路，这其中尤以苏联社会主义模式优越性的发挥最具有代表性。

1924 年列宁逝世后，领导苏联社会主义建设的斯大林逐步放弃了新经济政策，建立了单一的生产资料公有制、自上而下的指令性计划经济和权力高度集中的政治体制“三位一体”的苏联模式。这一模式的形成，既与当时苏联面对的被资本主义国家包围的恶劣国际环境有关，也与历史上沙皇俄国君主专制传统浓厚有关，在理论上，也与苏联领导人对于马克思、恩格斯关于未来社会设想的教条化理解有关。② 苏联的社会主义模式尽管存在固有弊病，但客观上却实现了苏联社会生产力水平的赶超式发展。1928—1940 年，苏联共建成约 9000 个工业企业，整个工业产值增长了 9 倍，年平均增长 16.8%。这样高的增长速度在世界工业发展史上是极为罕见的。特别是苏联在短时间内建立了较为全面独立的大工业体系和对国民经济技术改造及国防建设具有重大意义的一系列重工业部门，如汽车、拖拉机、机床、飞机、发动机、大型涡轮机和发电机等产业。到 1937 年，苏联已实现机器设备的自给，并开始出口。在这样短的时间内，苏联从一个落后的小农国家发展成为强大的工业国，其意义是十分重大的。1913 年俄国工业在世界上居第五位，到 1940 年，苏联的工业产值已经超过英、法、德三国，跃居欧洲第一位、世界第二位。苏联只用了 15 年时间就跑完了主要资本主义国家用 50 年到 100 年走过的历程。③ 1941—1945 年，苏联用 4 年时间和盟国一起共同打败了德、意、日法西斯国家，成为世界反法西斯战争的主要力量，为人类的和平进步作出了巨大贡献。在苏联模式的强力带动下，战后苏联迅速医治了战争创伤，恢复和发展了经济，到 1950 年工业总产值超过了战前水平的 72%，农业总产值恢复到战前水平的 99%，人民生活水平得到显著提高。④ 同时科学

① 高放：《科学社会主义理论与实践》，中国人民大学出版社 2013 年版，第 124 页。

② 张东亮：《世界社会主义视域中的新时代中国特色社会主义》，中共中央党校 2019 年博士学位论文，第 60 页。

③ 高放：《科学社会主义理论与实践》，中国人民大学出版社 2013 年版，第 110—111 页。

④ 肖浩辉：《社会主义五百年与中国特色社会主义》，《中国延安干部学院学报》2017 年第 5 期。

技术也有很大的发展,1949 年成功地爆炸了第一颗原子弹,打破了美国的核垄断,增强了国防力量,并最先把原子能用于和平建设。“社会主义对资本主义的冲击不再停留在革命家对后者的批判,而是以生动活泼的事实展现了社会主义的魅力。”①这些情况表明,社会主义制度具有无比的优越性,社会主义的影响力不断扩大。

但是这一制度,从长远上来看,弊大于利,直接导致了苏联后来的贫穷和落后,是苏联发展路上的很大障碍,与日后苏联的解体有很大关系。这一制度的弊端有:第一,政治上过度集权,缺少民主和法治。斯大林带头实行个人集权制、职务终身制和指定接班人制,不仅严重破坏社会主义民主法治,而且严重损害苏联社会主义的国际形象。第二,经济上管得过死,缺少效率与效益。在过度集权体制之下,中央主管部门采用指令性计划和行政手段推动经济发展,结果导致整个经济都缺乏生机与活力。第三,思想文化上管得过严,缺少独立与自由。斯大林时期,对斯大林愈演愈烈的个人崇拜甚至成为思想文化领域的一条神圣原则,是否遵循这一原则成为界定公民是否犯法的一条不见诸明文法律的潜规则。第四,对外关系中输出革命,盛行大党主义和大国主义,给其他社会主义国家带来严重灾难,也使苏联最终走上霸权主义道路。第五,斯大林模式还培植了一个党政军高薪官僚特权集团,这批人严重脱离群众,最终也成为苏联社会主义的重要掘墓人。二战结束后,苏联模式的弊端日益暴露,以赫鲁晓夫为首的苏联领导人开始着手对苏联社会主义体制进行改革,但都无法从根本上突破斯大林模式,再加上既得利益集团的阻挠及改革急于求成等原因,改革均没有获得成功,苏联模式也逐渐变得越来越僵化,积累了大量的社会矛盾,为日后苏东剧变和苏联模式的失败埋下了祸根。

(二)科学社会主义从胜利到挫折的曲折前行

相较于资本主义社会动辄一两百年的发展历程而言,社会主义制度的形成和发展则经历了极短的时间,而且没有前人的经验可资借鉴,这就必然

① 沈宗武:《苏联模式与中国特色社会主义》,河北人民出版社 2014 年版,第 91 页。

决定了无产阶级革命和社会主义建设事业是空前艰难、非常复杂的伟大革命，没有平坦的大道可走，而是在崎岖的道路上曲折向前发展的，有时会遭遇挫折。在国际共产主义运动的历史上，社会主义曾经历过三次大的挫折：

第一次，巴黎公社的失败。1871 年 3 月 18 日，巴黎无产阶级举行武装起义，推翻了资产阶级的统治，建立了新型的国家政权——巴黎公社。巴黎公社用人民的武装代替资产阶级常备军，用为人民服务的社会公仆代替为资产阶级效劳的官僚，用同时兼管行政和立法的工作机构代替资产阶级议会制，用民主集中制代替资产阶级的官僚集中制。① 这是世界上第一个真正意义上的无产阶级政权。马克思曾对巴黎工人起义的胜利给予了高度评价："公社简直是奇迹般地改变了巴黎的面貌。""公社的真正秘密就在于：它实质上是工人阶级的政府，是生产者阶级同占有者阶级斗争的产物，是终于发现的可以使劳动在经济上获得解放的政治形式。"②但是，由于缺乏斗争经验以及科学理论的指导，公社领导人犯了对敌人过于仁慈的错误，当梯也尔反动政府被击溃逃窜到凡尔赛时，没有乘胜追击，一举歼灭，最终导致梯也尔反动政府勾结德国的俾斯麦，重新聚集反革命力量，发动了武装推翻巴黎公社的反革命内战，最终导致巴黎公社仅坚持了 72 天就被资产阶级扼杀。马克思、恩格斯认为，巴黎公社失败的最主要的教训就是工人阶级不应该把官僚的军事的国家机器从一些人手里转到另外一些人手里，而应该把它打碎。这是工农的根本利益所在。巴黎公社的失败证明，没有以马克思主义为指导的无产阶级政党，要取得革命的胜利是不可能的，要巩固无产阶级政权也是不可能的。

第二次，斯大林问题及其弊端的暴露。斯大林去世后，赫鲁晓夫领导苏联继续进行社会主义建设，他对国内政治、经济体制进行了有限的调整，并着手解决斯大林时期严重的个人崇拜及大量冤假错案等问题。1956 年 2 月苏共二十大上，赫鲁晓夫作了《关于个人崇拜及其后果》（又称《秘密报告》）的报告，报告尖锐地揭露了斯大林在领导苏联社会主义建设中的严重错误

① 肖浩辉：《社会主义五百年与中国特色社会主义》，《中国延安干部学院学报》2017 年第 5 期。

② 《马克思恩格斯文集》（第三卷），人民出版社 2009 年版，第 384 页。

及对他的个人崇拜所造成的严重后果，在社会主义阵营引起了极大震动。《关于个人崇拜及其后果》一方面揭露了斯大林的错误，破除了苏联及其领导的社会主义阵营长期形成的对斯大林的盲目崇拜，起到了思想解放的作用；但另一方面，赫鲁晓夫以秘密报告的方式全盘否定曾经作为社会主义阵营精神领袖的斯大林，实际上起到了丑化共产党、抹黑社会主义的负面作用，引发了国际上一股反共反社会主义的逆流。[①] 在《关于个人崇拜及其后果》的影响下，1956 年 6 月，波兰发生“波兹南事件”，波兰波兹南工人因不满政府降低工资待遇等福利举行罢工、游行，并冲击监狱、法院，遭到政府镇压，死亡 74 人，受伤 800 余人；同年 10 月，匈牙利发生学生、工人、市民参加的要求改革、发展社会主义民主自由的群众运动，结果也被镇压，造成上万人伤亡，最终党和政府也都改组。这些事件不同程度地反映了东欧国家要求独立自主、对不符合国情的苏联模式进行改革的要求。因此，20 世纪 50 年代之后，以南斯拉夫、匈牙利、波兰、捷克斯洛伐克为代表的东欧社会主义国家纷纷进行改革。

第三次，东欧剧变。苏联和东欧国家的改革虽然在一定程度上缓和了社会矛盾，但随着改革的深入，面临的阻力越来越大。这种阻力既来自于中高层干部习惯旧体制，麻木不仁，也来源于由于创新不足不能得到群众的支持。[②] 改革到 20 世纪 80 年代末已经步履维艰，陷入困境，随着苏联戈尔巴乔夫提出的“新思维”“人道的民主的社会主义”的鼓励和推动，这些国家匆忙实行政治多元化和经济市场化，结果导致政治、思想和经济局面失控，改革偏离正常轨道。伴随着改革的困境，在国外势力推波助澜下，各国群众走上街头，反对派兴风作浪，共产党纷纷倒台，社会主义制度相继瓦解，社会主义在东欧的改革以失败告终。1989 年，波兰、匈牙利、捷克斯洛伐克、德意志民主共和国、保加利亚、罗马尼亚等 6 个东欧社会主义国家发生剧变，此后南斯拉夫和阿尔巴尼亚也发生剧变。1991 年，苏联发生剧变，苏共自行解散，

① 肖浩辉：《社会主义五百年与中国特色社会主义》，《中国延安干部学院学报》2017 年第 5 期。

② 肖浩辉：《社会主义五百年与中国特色社会主义》，《中国延安干部学院学报》2017 年第 5 期。

停止活动；各加盟共和国纷纷独立，苏维埃社会主义共和国联盟解体。这次挫折，是帝国主义实施和平演变战略的结果，他们在不发一枪一弹的情况下，在短短两年内实现对9个社会主义国家的和平演变。我们应当保持高度警惕。但外因是通过内因起作用的，从根本上讲，东欧剧变是这些国家内部矛盾长期积累的结果。第一，这些国家的经济没有搞上去，人民生活水平长期没有提升，是发生剧变的导火线。帝国主义就是利用这一点，大肆攻击社会主义制度，挑拨人民不满情绪。第二，过度集权的政治、经济、文化、社会管理和对外关系体制极大地限制了广大人民的民主和自由，极大损害了人民的权益，引发广大人民的不满。第三，党政军官僚特权集团与人民大众的矛盾日趋尖锐，更引起广大人民群众的不满。第四，民主社会主义思潮在意识形态领域占据统治地位，是剧变的思想根源。民主社会主义虽然标榜要走第三条道路，实际上是搞资本主义。所以西方搞和平演变就利用了民主社会主义。第五，党中央的领导权被民主社会主义者把持，是剧变的组织根源。他们公开宣布放弃共产主义理想，搞多党制，搞私有化，使党变质、国变色。由此可见，党的领导权掌握在谁手里，是关系到党和国家命运的大问题。我们应当从中吸取教训，保证党不变质、国不变色。可以看出，正是制度的僵化导致了苏联的瓦解，是制度改革在社会主义基本制度方向上的失守，导致了传统社会主义制度的失败。[①]

（三）中国特色社会主义的成功实践

苏东剧变后，以科学社会主义为指导的共产党执政的社会主义国家减少到五国。当今社会主义各国在走上社会主义道路后，在社会主义革命和建设的进程中，曾经取得成就，但是，也都走过弯路，遭遇过挫折。当今这五国都在不同程度上吸取了苏联模式失败的历史教训，坚持科学社会主义基本原则与本国实际相结合，努力探索和建设具有本国特色的社会主义。中国共产党自1978年中共十一届三中全会端正了党的指导思想和基本路线以来，坚持以经济建设为中心，坚持四项基本原则，坚持改革开放，在世界的东

① 李建平：《中国特色社会主义制度研究》，辽宁师范大学2016年博士学位论文，第32页。

方高高举起中国特色社会主义伟大旗帜，开拓了中国特色社会主义更为广阔的发展前景，也让马克思主义在21世纪的中国焕发出强大的生机与活力。

党的十九届六中全会指出，中国共产党在领导中国革命和建设实践中，把科学社会主义基本原理同中国实际相结合，实现了马克思主义中国化的三次历史性飞跃，形成了有中国特色的社会主义道路、理论、制度和文化。毛泽东思想是马克思列宁主义在中国的创造性运用和发展，是被实践证明了的关于中国革命和建设的正确的理论原则和经验总结，是马克思主义中国化的第一次历史性飞跃。党领导和支持开展真理标准问题大讨论，从新的实践和时代特征出发坚持和发展马克思主义，科学回答了建设中国特色社会主义的发展道路、发展阶段、根本任务、发展动力、发展战略、政治保证、祖国统一、外交和国际战略、领导力量和依靠力量等一系列基本问题，形成中国特色社会主义理论体系，实现了马克思主义中国化新的飞跃。习近平新时代中国特色社会主义思想是当代中国马克思主义、二十一世纪马克思主义，是中华文化和中国精神的时代精华，实现了马克思主义中国化新的飞跃。历史和现实充分表明：中国特色社会主义是社会主义而不是其他什么主义，科学社会主义基本原则不能丢，丢了就不是社会主义；坚持和发展中国特色社会主义，必须把科学社会主义基本原理与中国具体实际相结合，探索符合本国国情和历史文化传统的社会主义道路。

首先，必须科学对待马克思主义，正确认识社会主义的本质，这是科学建设社会主义制度的必要前提和理论基础。马克思主义认为，社会主义社会是建立在生产力高度发达的基础上，“不仅需要经过推翻资产阶级统治的剧烈的政治革命，更需要一场变革生产方式的深刻的社会革命”。然而，现实的社会主义却首先在资本主义国家链条上属于薄弱环节的、经济文化相对落后的俄国实现了。在经济文化相对落后、生产力不发达的情况下，如何建设和发展社会主义，是摆在苏俄面前的首要问题。但以斯大林为代表的苏共领导人在建设和发展社会主义的进程中，却忽视了发展生产力的必要前提，而是通过行政命令、指令性计划、以党代政、高度集权的方式去建设社会主义。最终导致经济发展严重缺乏活力，产业结构极其不合理，人民基本生活极其困难。

中国特色社会主义制度是建立在科学理解和对待马克思主义、科学认识社会主义本质问题的基础上开展社会主义建设事业的。党的十一届三中全会以后,在总结我国社会主义建设历史经验教训的过程中,邓小平同志指出:“什么叫社会主义,什么叫马克思主义?我们过去对这个问题的认识不是完全清醒的。马克思主义最注重发展生产力。我们讲社会主义是共产主义的初级阶段,共产主义的高级阶段要实行各尽所能、按需分配,这就要求社会生产力高度发展,社会物质财富极大丰富。所以社会主义阶段的最根本任务就是发展生产力。”①这样,在科学理解马克思主义、社会主义内涵的基础上,党和国家立足社会主义初级阶段的基本国情,始终以经济建设为中心,大力发展生产力,推动我国社会经济持续健康发展,最终创造了经济快速发展和社会长期稳定两大奇迹,中国特色社会主义事业在改革开放中不断完善发展。

其次,必须坚持党对社会主义事业的全面领导。中国共产党的领导是与社会主义事业的兴衰紧密联系在一起的,共产党人的历史使命就是带领无产阶级推翻资产阶级统治、建设社会主义,为实现共产主义而奋斗。直到阶级、政党、国家消亡之前,在向共产主义奋进的整个过程中,党始终起着积极领导作用。苏联社会主义的失败是与削弱、丢掉苏共领导分不开的,而苏共丧失政权也是与背弃社会主义发展方向分不开的。中国共产党之所以能肩负起领导社会主义事业的使命,一是因为中国共产党始终坚持马克思主义的指导思想,坚持把马克思主义基本原理与中国具体实际相结合,不断推动马克思主义中国化,并形成科学的理论指导实践。二是因为中国共产党能够始终保持其先进性,始终代表最广大人民的根本利益,始终坚持群众路线,因此能够动员、组织、带领亿万人民群众,形成社会主义建设的磅礴力量。三是中国共产党人富有自我革命的精神,为社会主义事业的兴盛,敢于进行批评和自我批评,勇于坚持真理、改正错误,在推动历史发展中实现自身的发展。科学社会主义170多年的实践史也表明:凡是坚持共产党正确领导时,社会主义运动就会蓬勃发展;反之,什么时候丢掉了共产党的领导,社

---

① 《邓小平文选》(第三卷),人民出版社1993年版,第63页。

会主义事业就会遭遇挫折和失败。

最后,坚持走具有本国特色的社会主义发展道路。中国的发展证明,社会主义并没有定于一尊、一成不变的套路,只有把科学社会主义基本原则同本国具体实际、历史文化传统、时代要求紧密结合起来,在实践中不断探索总结,才能把蓝图变为美好现实。科学社会主义是普遍真理,只有把普遍真理与具体实践相结合,才会有生机勃勃的社会主义。邓小平同志在党的十二大开幕词中指出:"我们的现代化建设,必须从中国的实际出发。无论是革命还是建设,都要注意学习和借鉴外国经验。但是,照抄照搬别国经验、别国模式,从来不能得到成功。这方面我们有过不少教训。把马克思主义的普遍真理同我国的具体实际结合起来,走自己的道路,建设有中国特色的社会主义,这就是我们总结长期历史经验得出的基本结论。"①正是因为开辟和坚持了这条道路,40 多年来我国取得了世所罕见的成就,这也进一步增强了我们对中国特色社会主义的道路自信、理论自信、制度自信、文化自信,展现了社会主义的勃勃生机。

中国是世界上最大的社会主义国家,中国共产党是世界上最大的马克思主义政党。这样的大国、大党始终如一地坚持和发展社会主义,中国共产党的成功就是科学社会主义的成功,中国特色社会主义的胜利就是科学社会主义的胜利,中华民族伟大复兴必将对世界社会主义的振兴产生巨大的推动作用。

三、中国特色社会主义制度开创了现代化的新路径

二战结束后,实现现代化成为人类社会特别是刚刚摆脱西方国家殖民统治的国家面对的主要课题。但殖民主义的完结并不意味着西方霸权统治的消亡。西方国家由于走在世界现代化的前列,所以在很长一段时期内掌握着现代化的国际话语权。现代化成为西方经验的总结,西方模式似乎成为唯一可以模仿的样本。然而自 20 世纪以来,很多发展中国家照搬西方模

① 《邓小平文选》(第三卷),人民出版社 1993 年版,第 2—3 页。

式，不仅没有实现现代化，而且失去了发展自主性，进而落入经济发展停滞、社会矛盾丛生、政治局势动荡的“怪圈”。事实上，西方国家只是现代化的先行者，其现代化模式并不是现代化的范本，更不是衡量其他国家现代化的标准。[①] 与之形成鲜明对比的是，当代中国在中国共产党人的带领下，始终坚持以马克思主义为指导，始终坚持科学社会主义原则，继承和借鉴世界各种优秀制度文明成果，结合中国自身国情，不断推进制度改革和创新，形成了中国特色社会主义制度。在这个制度保障下，中国取得了举世瞩目的成就，成功走出了一条独具特色的社会主义现代化道路，打破了发展中国家对西方国家现代化的“路径依赖”，为其他发展中国家树立了发展榜样，提供了全新选择。中国特色社会主义的伟大实践和巨大成就，也宣告了西方现代化霸权的历史终结，确证了多元现代化的可能，更为落后国家探索适合本国国情的现代化道路坚定了信心、提供了借鉴，特别在摆脱贫困、促进经济社会发展方面，产生了重要的影响力。《中共中央关于党的百年奋斗重大成就和历史经验的决议》在谈党的百年奋斗深刻影响了世界历史进程时写道：“党领导人民成功走出中国式现代化道路，创造了人类文明新形态，拓展了发展中国家走向现代化的途径，给世界上那些既希望加快发展又希望保持自身独立性的国家和民族提供了全新选择。”[②]

（一）中国式现代化的基本特征

我们党历来主张，在建设现代化国家上，必须坚持自力更生方针，坚定不移走自己的道路。中国共产党成立百年来，团结带领中国人民所进行的一切奋斗，就是为了把我国建设成为现代化强国，实现中华民族伟大复兴。新中国成立以来，特别是改革开放以来，党领导人民进行了艰辛探索，创造了中国式现代化的新道路，创造了人类文明新形态，实现了人类历史上前所未有的大变革。党的二十大报告明确强调：“中国式现代化，是中国共产党领导的社会主

---

① 周文、方茜：《中国特色社会主义拓展了发展中国家走向现代化的途径》，《求是》2018 年第 6 期。

② 《党的十九届六中全会〈决议〉学习辅导百问》，党建读物出版社、学习出版社 2021 年版，第 61 页。

义现代化，既有各国现代化的共同特征，更有基于自己国情的中国特色。”①

第一，中国式现代化是人口规模巨大的现代化。幅员辽阔、人口规模巨大是中国面临的基本国情，纵观世界上出现的众多先进的现代国家，绝大部分都是中等规模或小规模的国家，这些国家所推行的现代化模式一般只适用于人口系数较小的地区，这也是近代以来许多仁人志士企图通过“西化”推动中国的现代化进程最终却都以失败而告终的重要原因。不同于几十万人、几百万人、几千万人的现代化，中国要实现的是 14 亿多人的现代化，在这个问题上国际社会没有任何现成的可供参考的成功经验。人口多虽然可以为现代化建设提供充裕的劳动力资源，但要使这 14 亿多人大踏步地、高质量地整体迈进现代化社会，其中的艰巨性和复杂性可以说是前所未有。化人口压力为人口红利，以汇聚和发挥全体人民的智慧力量推动社会主义现代化建设，并在社会主义现代化建设过程中促进人的现代化是中国式现代化的一大特征，中国式现代化始终紧贴人口规模巨大这一实际国情进行谋篇布局，把人的现代化视为社会现代化的重要组成部分和必备条件及强大动力，以实现中国全体人民的现代化作为社会主义现代化建设的重大价值指向。② 从全面建成小康社会到扎实推动实现全体人民共同富裕，中国式现代化推动 14 亿多人口整体迈入现代化的伟大事业必将彻底改写世界现代化的版图，在人类历史上也必将是一件具有深远影响的大事。

第二，中国式现代化是全体人民共同富裕的现代化。共同富裕是中国特色社会主义的本质要求和特征。党的十九大以来，习近平总书记对什么是共同富裕、怎样实现共同富裕这一历史性课题作出深刻探索，提出了一系列新理念新思想新战略。他深刻指出：“打赢脱贫攻坚战，全面建成小康社会，为促进共同富裕创造了良好条件。现在，已经到了扎实推动共同富裕的历史阶段。”③“共同富裕是社会主义的本质要求，是中国式现代化的重要特征。我们说的共同富裕是全体人民共同富裕，是人民群众物质生活和精神

① 习近平：《高举中国特色社会主义伟大旗帜 为全面建设社会主义现代化国家而努力奋斗——在中国共产党第二十次全国代表大会上的报告》，人民出版社 2022 年版，第 22 页。

② 方世南、黄雪梅：《中国式现代化的历程、内涵及世界意义》，《观察与思考》2022 年第 11 期。

③ 《习近平谈治国理政》（第四卷），外文出版社 2022 年版，第 141 页。

生活都富裕，不是少数人的富裕，也不是整齐划一的平均主义。”①中国式现代化以共同富裕为价值目标，从根本上超越了西方国家的现代化，全面体现了中国式现代化的人民性，表征着人类文明形态的新坐标。我们党从建立起，就深刻认识到共同富裕对于人民群众的重要性，从而高度重视提高人民群众的物质生活水平。中国共产党的百年奋斗史，可以说就是团结带领中国人民向着共同富裕目标不断迈进的历史。而西方国家所谓的“平等”，却在生产资料私有制之下导致了无法逾越的财富鸿沟，且鸿沟越来越深。中国共产党坚定不移站稳人民立场，由最初的解决温饱问题，再进一步实现全体人民的小康，再到小康社会的全面建成，最后实现全体人民的共同富裕，这不同阶段的执政目标集中体现了在现代化的进程中，我们党始终关切人民的利益。中国在公有制基础上着力推进经济建设，这为实现共同富裕提供了制度基础和物质基础，体现了全体人民不仅是经济发展的推动者，也是经济发展成果的分享者，构建了全体人民共建共享的崭新社会发展形态。反观资本主义所谓的“共同富裕”，其根基是私有制，是由资本增殖推动西方社会的运行，凸显了资本至上、资本逻辑以及“人为物役”的价值观，人与物的关系完全颠倒了。② 建立在社会主义制度基础上的中国式现代化道路，着力发挥显著的制度优势，进而有效驾驭和规制资本，全面推进共同富裕。同时，中国的共同富裕在社会实践上，与资本主义国家具有鲜明的区别，中国着眼于发展战略高度重视不同区域的平衡发展，通过东部率先发展、中部崛起、西部大开发、东北振兴等部署，使区域协调发展和区域重大战略协同发展，在全国范围内因地制宜推进共同发展，实现不同区域的共同富裕。而资本主义私有制使西方社会无法挣脱“马太效应”，造成了经济社会发展的严重失衡，例如美国中西部与沿海地区之间的发展悬殊等区域发展矛盾数不胜数。中国式现代化道路坚定不移坚持人民至上原则，实现了“存量”与“增量”的融合统一，不仅推动了生产力的发展，又使民生“蛋糕”越做越大，立足分配问题有效破解民生问题，使全体人民的获得感更足、幸福感更强。

---

① 《习近平谈治国理政》（第四卷），外文出版社 2022 年版，第 142 页。

② 于磊：《中国式现代化道路的发展脉络、科学内涵及世界意义》，《学术探索》2022 年第 2 期。

第三,中国式现代化是物质文明和精神文明相协调的现代化。物质文明与精神文明是紧密联系、相互作用的,按照马克思主义关于社会存在决定社会意识,社会意识反作用于社会存在的基本原理,“物质生活的生产方式制约着整个社会生活、政治生活和精神生活的过程”①,但是,精神生活也会反过来作用于物质生活。因此,中国式现代化坚持“以辩证的、全面的、平衡的观点正确处理物质文明和精神文明的关系”②,始终坚持物质建设和精神文明建设两手抓、两手都要硬,通过深入推进改革开放发展和释放社会生产力,通过构建国内大循环为主体、国内国际双循环相互促进的新发展格局推动现代化经济体系建设,以创新、协调、绿色、开放、共享的新发展理念促进经济社会整体性高质量发展,为推动实现共同富裕奠定坚实的经济基础。同时,大力弘扬中华优秀传统文化,繁荣和发展社会主义先进文化,满足广大人民多层次、多方面、多样化的精神文化需求,并不断强化社会主义核心价值体系引导人们树立正确的价值取向和价值追求并在此基础上形成价值认同、价值共识的作用,坚持物质生活富裕与精神生活富裕有机统一,以先进的物质文明促进精神文明建设,又以丰富的精神文明建设推动物质文明发展。

第四,中国式现代化是人与自然和谐共生的现代化。人是自然的一部分,大自然是人类赖以生存发展的基本条件。中国式现代化建设坚决告别资本主义所实行的资本逻辑主导下的现代化,坚决不将自然当作一种纯粹的对象性存在的工具进行任意操控,而是倡导尊重自然、顺应自然、保护自然的理念,把人与自然看作是共生共存共荣共赢的生命共同体,倡导在人与自然生命共同体中推进人与自然和谐共生的现代化。习近平总书记反复强调,“建设生态文明,关系人民福祉,关乎民族未来”③,“生态文明建设事关中华民族永续发展和‘两个一百年’奋斗目标的实现”④。党的十八大以来,我

① 《马克思恩格斯选集》(第二卷),人民出版社 2012 年版,第 2 页。

② 中共中央文献研究室编:《习近平关于社会主义文化建设论述摘编》,中央文献出版社 2017 年版,第 126—127 页。

③ 中共中央文献研究室编:《习近平关于社会主义生态文明建设论述摘编》,中央文献出版社 2017 年版,第 5 页。

④ 中共中央文献研究室编:《习近平关于社会主义生态文明建设论述摘编》,中央文献出版社 2017 年版,第 9 页。

们坚持贯彻“绿水青山就是金山银山”的理念，持续深入开展生态文明建设，以系统性思维推动山水林田湖草沙一体化保护和治理，坚持经济发展与生态环境保护相统一，通过科技创新发展和转变生产方式、生活方式、思维观念等方式推动经济社会全面绿色转型，把生态文明建设和物质文明建设摆在同样重要的位置，以生产更多优质的生态产品满足人民的幸福美好生活需求，通过走生产发展、生活富裕、生态良好、生命安全的文明发展道路实现更高质量、更有效率、更可持续、更为安全的发展。

第五，中国式现代化是走和平发展道路的现代化。一些老牌资本主义国家走的是暴力掠夺殖民地的道路，是以造成其他国家落后为代价的现代化。不同于西方现代化掺杂霸权主义、扩张主义、零和博弈等做法，中国式现代化秉持独立自主、和平发展的理念，不依附、不掠夺、不称霸，以文明交流、文明共存、文明互鉴践行真正的多边主义，将中国人民的共同利益与世界人民的普遍利益相统一，通过积极参与全球治理，为应对和解决人类面临的共同发展难题贡献中国智慧、中国方案和中国力量。坚持弘扬和平、发展、公平、正义、民主、自由的全人类共同价值，推动构建相互尊重、公平正义、合作共赢的新型国际关系，通过“一带一路”建设深化与周边国家地区的友好往来，为沿线地区人民创造更多的发展机会，同时以倡导构建人类命运共同体呼吁各国携手共建持久和平、普遍安全、共同繁荣、开放包容、清洁美丽的世界。

总而言之，中国式现代化突破了西方以资本为中心的现代化、两极分化的现代化、物质主义膨胀的现代化、对外扩张掠夺的现代化老路，走出一条独具中国特色的社会主义现代化道路。中国追求社会主义现代化的具体实践也昭示世人，通向现代化的道路不止一条，世界上既不存在定于一尊的现代化模式，也不存在放之四海而皆准的现代化标准。各国应该在借鉴他国合理经验和结合本国国情的基础上探索适合自己的现代化发展道路。

（二）中国特色社会主义制度拓展发展中国家走向现代化的途径

作为世界上最大的发展中国家，中国在解答经济文化相对落后的国家如何探索现代化建设问题上作出了突出贡献，为其他发展中国家走向现代化拓展了路径。

第二次世界大战结束以后，广大发展中国家虽然摆脱了殖民统治，赢得了民族独立与人民解放，然而却未能摆脱对于资本主义发达国家的政治经济依附状态。西方现代化“迫使一切民族——如果它们不想灭亡的话——采用资产阶级的生产方式；它迫使它们在自己那里推行所谓的文明”[①]，西方现代化过程伴随着阶级分裂、文明冲突、人的异化、生态危机等一系列难以解决的问题，弱肉强食、丛林法则等理念深刻影响着人类社会现代化发展的走向。正因如此，广大发展中国家在模仿、输入、移植西方国家的现代化模式后，往往出现水土不服的状况，甚至导致国家发展出现倒退、陷入发展陷阱中难以自拔。反之，中国式现代化道路是不依附任何国家的独立发展的现代化，与西方现代化所具有的强迫性、侵略性等特征不同，中国式现代化坚持以马克思主义基本原理对资本运行的内在本质和发展趋势进行认识和探索，把资本作为发展的工具而非目的推动社会主义现代化建设，在实践中不断超越资本逻辑主导的西方现代化模式，以开创性、前瞻性、科学性、真理性、人民性、全面性的现代化模式，促使中国在不掠夺、不扩张、独立自主、自力更生的背景下逐步实现自身的现代化发展目标。中国用事实向世界证明了通往现代化的道路不是单一的，只有走适合本国国情、遵循社会发展规律的现代化道路才能实现民族的自立自强，彻底打破了“现代化就是西方化”“现代化就是美国化”的刻板印象。

中国共产党领导人民创造的中国式现代化，系统全面地解答了经济文化相对落后的国家在现代化过程中所面临的种种难题。中国式现代化的成功实践表明，一个国家的现代化建设应尽量避开移植、嫁接、照搬照抄等趋同模式和依附模式，要把改革的力度、社会经济发展水平、文化传统等要素结合起来，走具有本国特色的现代化道路。中国式现代化将马克思主义与社会主义现代化建设相结合所创造的一系列科学的战略思维和方法论，为其他发展中国家推进现代化建设提供了全新的参考。

坚持党的领导。中国式现代化道路是由中国共产党团结带领中国人民

① 《马克思恩格斯选集》（第一卷），人民出版社 2012 年版，第 404 页。

历经艰难探索、付出巨大代价所开辟出来的正确道路。中国共产党诞生于中华民族危难存亡之际,无数仁人志士轮番上台提出的各种现代化方案宣告失败的主要原因,正是在于缺乏先进的政党领导。只有中国共产党才能担当带领中国人民实现现代化的历史重任。世界现代化的发展历史也已证明,坚强有力的执政党是后发国家探索自主现代化道路、推进现代化进程、实现现代化目标的关键所在。没有坚强的政党领导,后发国家难以避免遭受西方现代化霸权的误导,更难以探索出自身的现代化之路。拉美国家正是由于缺乏坚强的政党领导,误服新自由主义错误的现代化"药方",最终陷入经济社会发展停滞的陷阱。中国特色社会主义最本质的特征是中国共产党的领导。实现社会主义现代化是一项复杂艰巨、浩瀚庞大的长期社会系统工程,中国共产党是中国现代化的坚强领导核心,是中国式现代化建设的领航者,是现代化建设事业中亿万人民的主心骨。

坚持人民至上。古人讲:"与天下同利者,天下持之;擅天下之利者,天下谋之。"人民群众既是物质财富的创造者,也是精神财富的创造者,更是社会变革的决定性力量,这是马克思主义的基本观点,也是中国共产党一以贯之的根本立场。中国式现代化正是中国共产党激发人民群众的创造智慧、发挥亿万人民的主体力量、凝聚全体人民强大合力的现代化道路。正是坚持了人民至上的理念,才能汇聚起全体人民建设社会主义现代化的强大合力与蓬勃伟力。现代化归根结底是要改善人民群众的生活,满足人民群众对美好生活的期待。因此在追求现代化的过程中,务必要坚持以人民为中心的发展思想,坚持发展为了人民、发展依靠人民、发展成果由人民共享,这也是中国式现代化赢得人民支持和拥护的最根本立场。

坚持独立自主。"走自己的路,是党的全部理论和实践立足点,更是党百年奋斗得出的历史结论。"①人类历史上没有一个民族、一个国家可以通过依赖外部力量、照搬外国模式、跟在他人后面亦步亦趋实现强盛和振兴。那样做的结果,不是必然遭遇失败,就是必然成为他人的附庸。中国人民和中华民族从近代以后的深重苦难走向伟大复兴的光明前景,从来就没有教科

① 习近平:《在庆祝中国共产党成立100周年大会上的讲话》,人民网2021年7月1日。

书，更没有现成答案。党的百年奋斗成功道路是党领导人民独立自主探索开辟出来的，马克思主义的中国篇章是中国共产党人依靠自身力量实践出来的，贯穿其中的一个基本点就是中国的问题必须从中国基本国情出发，由中国人自己来解答。[①] 只有坚持独立自主，才能找到真正适合自己的现代化道路。

坚持循序渐进。中国式现代化不是一步到位的现代化，而是有目标、分阶段、有步骤地实现的现代化，既不好高骛远，也不操之过急。现代化是一个连续的积累发展和建设过程，是阶段性和连续性的统一。因此，各国应脚踏实地一步一个脚印推进现代化建设。

坚持开放创新。作为后发现代化国家，中国式现代化是在吸收借鉴人类一切先进文明的优秀成果的基础上发展起来的。开放带来进步，封闭导致落后。各国只有抱着开放包容的心态审视不同国家的现代化道路，取其精华，去其糟粕，以我为主，为我所用，才能为本国现代化建设开辟广阔前景。

总而言之，中国式现代化及中国特色社会主义制度的最大意义，不在于输出某种模式，让人家照抄照搬，而在于比较优势，在于提供借鉴，打破西方中心论、普世价值观的魔咒，确证多元现代化的可能性。

（三）中国特色社会主义制度为推动构建人类命运共同体贡献中国方案

在当今世界全球化和人类社会现代化加速推进的背景下，传统安全问题与非传统安全问题交织叠加、相互渗透，单边主义、霸权主义、恐怖主义等不安全理念，气候变化、生物多样性丧失、重大疫情等一系列生态与生命一体化危机，战争冲突、贫富分化、阶级对立等矛盾问题，都使得人类现代文明可持续发展面临着严峻的考验。传统的孤立、分裂、战争等手段已经难以有效应对和解决人类共同面临的问题，推动全球治理体系和治理理念变革以防范和化解各类复杂的风险挑战是人类现代文明可持续发展的现实需求。

---

① 习近平：《高举中国特色社会主义伟大旗帜 为全面建设社会主义现代化国家而努力奋斗——在中国共产党第二十次全国代表大会上的报告》，人民出版社 2022 年版，第 19 页。

中国作为世界历史上唯一一个文明没有中断的国家，其中很重要的一个原因就是源远流长、博大精深的中华文化深刻影响着中国人民的社会行为和价值取向，“天人合一”“兼收并蓄”“求同存异”“天下为公”“协和万邦”等中华优秀传统文化塑造了中华民族向上、向真、向善、向美的普遍性追求，即使在内忧外患、山河破碎的艰难时刻，也依然延续和传承了中华文明的血脉。中国式现代化扎根于中华大地，根据时代发展和实践需要创造性转化和创新性发展中华优秀传统文化，并将其贯彻落实在治国理政的实践之中，将谋求中国人民的共同利益与谋求全人类的普遍利益相统一。面对日益严峻的全球治理难题以及现代化危机，中国式现代化倡导构建人类命运共同体，建立相互尊重、公平正义、合作共赢的新型国际关系，以共商、共建、共享、共赢的态度呼吁各国携手共建持久和平、普遍安全、共同繁荣、开放包容、清洁美丽的世界，倡导以文明交流、文明互鉴、文明共存的理念维护人类文明多样性，坚决扛起做世界和平的建设者、全球发展的贡献者、国际秩序的维护者的重任，大力弘扬全人类共同价值，以创造人类文明新形态的“和合属性”超越资本主义文明的“对抗属性”，为现代化建设更好地造福世界人民而竭诚奉献。

人类命运共同体，顾名思义，就是每个民族、每个国家的前途命运都紧紧联系在一起，应该风雨同舟，荣辱与共，努力把我们生于斯、长于斯的这个星球建成一个和睦的大家庭，把世界各国人民对美好生活的向往变成现实。构建人类命运共同体这一倡议已被多次写入联合国文件，正在从理念转化为行动，产生日益广泛而深远的国际影响，成为中国引领时代潮流和人类文明进步方向的鲜明旗帜。

2020 年初新冠疫情全球肆虐之时，中国作为负责任大国，不转移矛盾，不以邻为壑，始终秉持构建人类命运共同体理念，在造福中国人民的同时造福世界，在保障中国人民健康的同时也为世界人民的健康作出了贡献。我们在较短时间内研究出了新冠病毒的基因序列，并与全世界共享，投入巨大的人力物力财力开展卓有成效的疫情防控。习近平总书记强调，要继续同世卫组织保持良好沟通，同有关国家分享防疫经验，加强抗病毒药物及疫苗研发国际合作，向其他出现疫情扩散的国家和地区提供力所能及的援助，体现负责任大国担当。世界卫生组织总干事谭德塞和许多国家及国际组织的领导人，都高度评价中国的疫情防控工作，对中国为人类公共卫生事业作出的卓越贡献给予了肯定。

如今的中国，作为一个负责任、敢于担当的大国，正日益走近世界舞台的中央，逐渐展示出前所未有的影响力，必将成为合理国际新秩序的维护者、建设者和贡献者，成为全球治理、积极推进人类命运共同体建设的坚定力量。

第五章　中国特色社会主义制度优势的文化根基

求木之长者，必固其根本；欲流之远者，必浚其泉源。文化是一个国家和一个民族的根脉与灵魂，任何国家制度都是在特定的文化观念、文化环境中孕育、生长出来的，深受该民族传统政治文化的影响。正如恩格斯所说，“我们自己创造着我们的历史，但是第一，我们是在十分确定的前提和条件下创造的。其中经济的前提和条件归根到底是决定性的。但是政治等等的前提和条件，甚至那些萦回于人们头脑中的传统，也起着一定的作用”①。与世界其他国家相比，中国特色社会主义制度从历史深处走来，传承着中华优秀传统文化中的政治文化基因，深蕴着伟大革命文化和社会主义先进文化中的政治文化精华，彰显着生生不息的独特优势和文化自信底气。

一、中华优秀传统文化是中国特色社会主义制度优势的思想源泉

中华优秀传统文化薪火相传、历久弥新，是中华民族的根脉与灵魂。“数千年来，中华民族走着一条不同于其他国家和民族的文明发展道路。我们开辟了中国特色社会主义道路不是偶然的，是我国历史传承和文化传统决定的。”②作为四大文明古国之一，中国的中华文明穿越千年的苦难而长时段地延续下来，独特的文化传统决定了中国必须走适合自己特点、符合中国

① 《马克思恩格斯选集》（第四卷），人民出版社2012年版，第696页。

② 习近平：《牢记历史经验历史教训历史警示 为国家治理能力现代化提供有益借鉴》，《人民日报》2014年10月14日第1版。

人民意愿的发展道路。

5000 多年的历史演进中，中华民族创造了辉煌灿烂的古代文明，融汇了无数古代先贤关于国家治理的智慧与思想，形成了关于国家制度的丰富思想，“包括大道之行、天下为公的大同思想，六合同风、四海一家的大一统传统，德主刑辅、以德化人的德治主张，民贵君轻、政在养民的民本思想，等贵贱均贫富、损有余补不足的平等观念，法不阿贵、绳不挠曲的正义追求，孝悌忠信、礼义廉耻的道德操守，任人唯贤、选贤与能的用人标准，周虽旧邦、其命维新的改革精神，亲仁善邻、协和万邦的外交之道，以和为贵、好战必亡的和平理念，等等”①。这些传统政治文化因素是中华优秀传统文化的重要组成部分，积淀着巨大的制度韧性，为中国特色社会主义制度的形成、完善与发展指引方向、提供精神资源。

（一）优秀传统文化中的社会理想

博大精深的中华优秀传统文化蕴含着丰富的国家制度理念，承载着立德化民的基本功能，昭示着中华民族独有的价值追求，也为华夏文明生生不息、日益昌盛提供了有益滋养和深厚底蕴。在社会发展方面，中华优秀传统文化的思想精髓已被中国共产党继承并弘扬，“天人合一”“小康大同”“民惟邦本”等理念奠定了中国特色社会主义制度的伦理基础、信念基础和价值旨趣，成为推动我国现代化建设的思想文化支撑。

1. 天人合一

中华传统文化起源于“天人合一”的整体论思想，它是华夏先民在与自然世界不断抗争的过程中凝练出来的生存智慧和终极理想；它实际上“是一种思维方式，这种思维方式几乎体现在中国文化的各个方面”②，启迪并塑造了中华民族“万物一体”“厚德载物”的人文关怀精神。这种精神突出地反映了人们追求天与人、人与人、人与社会和谐统一的价值理念，且涵盖了中国古代关于自然界、人类社会、社会伦理、政治生活等各方面的内容。因此，学

① 《习近平谈治国理政》（第三卷），外文出版社 2020 年版，第 120 页。

② 余英时：《人文与理性的中国》，上海古籍出版社 2007 年版，第 14 页。

者钱穆曾指出,“中国文化的特质,可以‘一天人,合内外’六字尽之”①。

在古代中国,“天”至少有五种意义,“曰物质之天,即与地相对之天;曰主宰之天,即所谓皇天上帝,有人格的天、帝;曰运命之天,乃指人生中吾人所无奈何者,如孟子所谓‘若夫成功则天也’之天是也;曰自然之天,乃指自然之运行,如《荀子·天论篇》所说之天是也;曰义理之天,乃谓宇宙之最高原理,如《中庸》所说‘天命之为性’之天是也”②。随着人们对天人关系理解的深入,“天人合一”思想也逐渐具有了三个方面的主要内容。

一是人与自然的合一。远古时期,生产力水平极端低下,人类在各种自然现象面前深觉无助与渺小,把“天”当作主宰世间一切的“自然之天”“神灵之天”,且“人之始生,得之于天”,自然与人之间是征服与被征服的关系。西周时期,对天人关系的思考开始从神人关系渐渐转向世俗化的理解,人与自然和谐统一的思想逐渐凸显。孔子在《论语·阳货》中说,“天何言哉?四时行焉,百物生焉。天何言哉?”③四时变化、万物生长是自然界的基本规律,人们的生产、生活不能违背天道,要“唯天为大”、认识自然、掌握时令,人与自然血脉相连、同气相感,人与自然万物要和谐相处。④

二是人事与天命的合一。春秋战国时期,礼崩乐坏、百家争鸣,人们从社会现实出发,在伦理文化框架内探讨天人关系,认为天的意志与人的意志有相通之处,人的命运是“天”这个至尊主宰赋予的,“是故天生神物,圣人则之”⑤。孔子将天人关系的落脚点放在现实的人身上,指出要顺应天地的变化与规律,否则“获罪于天,无所祷也”⑥。范蠡也提出社会生活要以天地之道为准则,“因阴阳之恒,顺天地之常,柔而不屈,强而不刚,德虐之行,因以为常”。西汉时期董仲舒创立了天人感应论,提出“天亦有喜怒之气、哀乐之

① 钱穆:《中国文化与中国哲学》,生活·读书·新知三联书店1998年版,第29页。
② 冯友兰:《中国哲学史(全二册)》,中华书局2014年版,第47页。
③ 陈晓芬译注:《论语》,中华书局2016年版,第182页。
④ 张岱年:《中国哲学中“天人合一”思想的剖析》,《北京大学学报》(哲学社会科学版)1985年第1期,第3页。
⑤ 周振甫:《周易译注》,中华书局2001年版,第247页。
⑥ 陈晓芬译注:《论语》,中华书局2016年版,第26页。

心，与人相副，以类合之，天人一也"[1]，就是说天与人之间存在着一种神秘的感应，相互统一、相互影响。

三是人道与天道的合一。当人们把"天"视为"义理之天"时，人道与天道具有内在一致性，人类社会的规律与自然规律内在贯通、协调一致，社会生活的最高理想便是通过自身修养达成天人合一的境界。如，子产说："天道远，人道迩。非所及也，何以知之?"[2]老子提出"人法地，地法天，天法道，道法自然"[3]，人与天地间万事万物都应当遵循自然规律。庄子继承老子的思想，主张"天地与我并生，而万物与我为一"[4]，人要顺从自然、遵从天道，渐渐达到与天合一的超然境界。为了顺应大一统的时代需要，处理协调人际关系，构建社会伦常秩序，维护封建宗法制度，董仲舒首先提出"天人同一"的命题，"事各顺于名，名各顺于天，天人之际合而为一，同而通理，动而相益，顺而相受，谓之道德"[5]。到了宋代，张载提出"儒者则因明致诚，因诚致明，故天人合一，致学而可以成圣，得天而未始遗人"[6]，只有达致"天人合一"的道德"圣人"，才能拥有关爱天下苍生的生命情怀，才能"为天地立心，为生民立命，为往圣继绝学，为万世开太平"[7]，进而实现天下大同的社会理想。

"天人合一"思想中蕴含着人与天地万物和谐相融、一体共生的原理，体现了古代中国政治思维的精华，"不仅指自然与人文的统一，而且指现世与超越的统一，实然与应然的统一，现实与理想的统一，尤其指超越与内在的统一，对天道天命的虔敬与现世伦常积极尽责的统一，终极关怀与现实负责的统一"[8]，不仅体现了中华民族在生存与发展中独特的精神和道德内涵，还彰显了中华文化的宇宙观与西方近代以来的主客二分、以征服自然为核心的价值观之间的根本区别。该思想蕴含着至高的生态智慧，对于当代协调

① 曹振宇、傅永聚注：《春秋繁露新注》，商务印书馆2010年版，第249页。
② 左丘明：《左传》，中国纺织出版社2017年版，第244页。
③ 老子：《道德经》，中国华侨出版社2014年版，第94页。
④ 方勇译注：《庄子》，中华书局2010年版，第31页。
⑤ 袁长江：《董仲舒集》，学苑出版社2003年版，第228页。
⑥ 王夫之：《张子正蒙注》，中华书局1975年版，第333页。
⑦ 张载：《张载集》，中华书局1978年版，第376页。
⑧ 钱穆：《钱穆谈中国历史文化：中国历史精神》，贵州人民出版社2020年版，第257页。

人与自然关系、化解工业革命以来的生态危机具有重要意义，构成了中华文明在实现可持续发展中的比较优势的思想基础。

党的十八大以来，习近平总书记站在中华民族永续发展的高度，汲取“天人合一”思想的精华，提出了人与自然和谐共生的思想和方略，科学阐明了“生态兴则文明兴，生态衰则文明衰。生态环境是人类生存和发展的根基，生态环境变化直接影响文明兴衰演替”①。人与自然是一个系统发生、对立统一、协同进化的生命共同体，只有树立尊重自然、顺应自然、保护自然的理念，把生态文明建设摆在优先地位，坚持以绿色为导向的高质量发展，才能突破传统工业发展模式下的经济增长桎梏，把我国建设成为一个富强民主文明和谐美丽的社会主义现代化强国。

2. 小康大同

小康社会和大同社会是两个层次的社会理想图式，寄托了阶级压迫、世乱年荒、天灾人祸、贫富不均等环境下人们对美好生活的向往，是古人世世代代对于社会政治的终极奋斗目标，也是历代思想家们不懈设计与描绘的政通人和、太平盛世的蓝本。

中国古代传统文化中小康社会的理想，最早出自《诗经·大雅·民劳》，“民亦劳止，汔可小康，惠此中国，以绥四方”②，表达了奴隶制社会中人们对安定舒适生活的美好希冀，也是农耕文明时代人们对于衣食无忧生活的朴素追求。《礼记·礼运》中对小康社会的场景进行了描述：“今大道既隐，天下为家，各亲其亲，各子其子，货力为己。大人世及以为礼，城郭沟池以为固，礼义以为纪，以正君臣，以笃父子，以睦兄弟，以和夫妇，以设制度，以立田里，以贤勇知，以功为己……是谓小康。”③到了近代，康有为、孙中山等人也赋予了“小康”新的内涵，以表达人民对未来理想社会的美好愿望。

“大同”是高于“小康”的一种国家安定、社会富裕、人民安康的理想社会状态。《礼记·礼运》中记载，大同社会是“大道之行也，天下为公。选贤与

① 郇庆治：《开辟马克思主义人与自然关系理论新境界》，《人民日报》2022年7月18日，第11版。

② 周振甫：《诗经译注》，中华书局2002年版，第443页。

③ 杨天宇：《礼记译注》，上海古籍出版社2016年版，第345页。

能，讲信修睦，故人不独亲其亲，不独子其子，使老有所终，壮有所用，幼有所长，矜寡孤独废疾者，皆有所养；男有分，女有归；货恶其弃于地也，不必藏于己；力恶其不出于身也，不必为己……是谓大同”[①]。与“天下为家”的“小康”相比，“大同”突出地强调了“天下为公”。《吕氏春秋》中说，“昔先圣王之治天下也，必先公，公则天下平矣。平得于公”[②]，要实现国家安定，就要为民众提供财富公平的环境。儒家学者主张只有“致忠而公”“公而忘私”，才能“以百姓心为心”[③]，实现天下大治、万民安乐。在大同社会里，没有阶级、没有战争、人人平等，经济制度上财产公有、社会分工上人尽其力、分配原则上财富均平、政治制度上选贤与能、人与人之间和睦诚信，类似于孔子在《论语》中提到的“老者安之，朋友信之，少者怀之”[④]的社会状态。

大同社会的理想深刻地影响了后世思想家。随着历史的发展，中国社会从古代进入近代，受到了帝国主义和封建统治者的双重剥削与压迫，社会震荡剧烈，先进的中国人设计了崭新的大同社会方案，以期挽救中华民族于水火，具有代表性的有：以洪秀全为代表的太平天国理想、以康有为为代表的大同社会和以孙中山为代表的民生社会主义理想。洪秀全在《原道觉世训》和《原道醒世训》中提出“无处不均匀，无人不饱暖”的太平天国，是“行见天下一家，共享太平，几何乖漓浇薄之世，其不一旦变而为公平正直之世也！几何陵夺斗杀之世，其不一旦变而为强不犯弱、众不暴寡、智不诈愚、勇不苦怯之世也”。[⑤] 1853 年，太平天国定都南京后，颁布了政治纲领《天朝田亩制度》，主张废除土地私有，实行生产资料的公有，绝对均分一切财产。康有为是近代新兴资产阶级的代表，在《大同书》中提出改良思想，以实现“太平之世”。他主张经济上“凡农工商之业，必归之公”，“举天下之田地皆为公有”，人人都得劳动，实行按劳分配；在政治上，“破国界合大地”，实行民主共和制，人人平等，“无有臣妾奴隶，无有君主统领，无有教主教皇”，“公政府只

① 杨天宇：《礼记译注》，上海古籍出版社 2016 年版，第 344 页。

② 高诱注：《吕氏春秋》，上海古籍出版社 2014 年版，第 15 页。

③ 王弼注：《老子道德经注校译》，中华书局 2008 年版，第 129 页。

④ 陈晓芬译注：《论语》，中华书局 2016 年版，第 49 页。

⑤ 张岂之：《中国思想史（修订本）》，西北大学出版社 2016 年版，第 432 页。

有议员”,“议员皆由人民公举”,没有阶级,没有家庭,没有军队,没有国家。[①] 19世纪末20世纪初,孙中山赋予了“大同”社会新的内涵,提出了民生主义的社会理想,“民生就是人民的生活——社会的存在、国民的生计、群众的生命”,“主义就是一种理想、一种信仰和一种力量。大凡人类对于一件事,研究当中的道理,最先发生思想;思想贯通以后,便起信仰;有了信仰,就生出力量”。[②] “民生主义就是社会主义,又名共产主义,即大同主义”,“就是孔子所希望的大同世界”[③],通过平均地权、节制资本、振兴实业,建立民主共和政体,土地归国家所有、消除私人垄断、防止贫富分化,生产力发达、工农业实现现代化,以实现“国利民福”。虽然他们关于大同社会的主张因缺乏社会实践基础和科学理论支撑都终成空想,但是这些主张所承载的中国人民对于国家富强、人民富裕的美好理想社会的追求被强有力地延续、传承了下来。习近平总书记多次在讲话中提到,“天下太平、共享大同是中华民族绵延数千年的理想”[④],为新时代全面建成小康社会提供了一定的历史智慧。

中国共产党的“全面建成小康社会”与古代的“小康”“大同”社会理想有着本质上的历史性区别。首先,从历史起点即现实基础上看,中国传统文化中的小康社会、大同社会思想是普遍建立在“私有制”基础上,与自给自足的自然经济相联系的“空想”;而全面建成小康社会是建立在社会主义“公有制”基础上,与社会化大生产紧密联系的。其次,从达到理想的目标上看,古代小康、大同的理想主要涉及普通百姓物质层面的温饱问题;而全面建成小康社会则是从人的多方面需要出发,致力于解决每一个“现实的个人”的物质层面、精神层面、政治层面、生态层面等各维度的自由美好生活需要。最后,从实现理想要经历的过程、阶段和条件上看,古代的小康、大同是以道德自觉为基础形成的,从原始公有制的“天下为公”逐步走向了“天下为家”的私;而全面建成小康社会则是在社会主义初级阶段的现实前提上,社会生产力逐步发展,国家综合国力与人民生活水平逐步提高的中国特色社会主义

① 康有为:《大同书》,上海古籍出版社2019年版,第234—240页。

② 孙中山:《孙中山选集》(下),人民出版社2011年版,第616页。

③ 孙中山:《孙中山全集》(第九卷),人民出版社2015年版,第355页。

④ 习近平:《在中法建交五十周年纪念大会上的讲话》,《人民日报》2014年3月29日第2版。

小康社会，在坚守公有制为主体的道路上，适度地为“私有”留有一定的必要的发展空间，且必须止于“私有化”的整体系统中。

3. 民惟邦本

民本思想在中国传统政治文化中具有重要的地位和作用。早在商周时期，民本思想便已萌芽。殷商之际，就有思想家从桀纣亡国的历史教训中看到国家兴衰中人民群众的力量，提醒统治者要充分重视民众的力量。“民本”二字，最早出现在《尚书·五子之歌》“黄祖有训，民可近，不可下，民惟邦本，本固邦宁”中。意思是百姓是国家的根基，只有百姓安定，国家政权才会稳固。管仲在历史上第一次明确使用民本思想这一政治理念：“夫霸王之所始也，以人为本，本理则国固，本乱则国危。”①其意思是统治者治理国家要重视人民、亲近百姓，才能获取民心、拱卫君权。儒家代表孟子进一步强调民众是治国安邦的根本，民心所向是政权的基石，指出：“桀、纣之失天下也，失其民也；失其民者，失其心也。得天下有道，得其民斯得天下矣；得其民有道，得其心斯得民矣；得其心有道，所欲与之聚之，所恶勿施，尔也。”②自此，以民为本的思想就成了古代中国封建统治者治国安邦的基本方针。

在传统政治文化中，民本思想的精华主要包括两个方面的内容：一是民为国本，民贵君轻。这是要求统治者重民意、顺民心，否则就会招致“人亡政息”。如，荀子提出“天之生民，非为君也；天之为君，以为民也”③，“君者，舟也；庶人者，水也。水则载舟，水则覆舟”④。孟子提出“民为贵，社稷次之，君为轻”⑤的观点，告诫统治者民心向背关系国家兴亡，只有摆正了民众的地位，才能实现社会的长治久安，这一思想也深切地影响了后世的历代统治者。二是保民爱民，养民富民。西周时期的统治者就提出了“敬德保民”的理念。就是说要赢得人民的拥护，必须使百姓安居乐业，不能与人民为敌，不能横征暴敛。同时，施政时要关心人民疾苦，实行惠民、利民的政策，满足

① 周瀚光、朱幼军：《管子直解》，复旦大学出版社 2000 年版，第 212 页。

② 金良年译注：《孟子译注》，上海古籍出版社 2016 年版，第 156 页。

③ 蒋南华等译注：《荀子全译》，贵州人民出版社 2009 年版，第 567 页。

④ 安小兰译注：《荀子》，中华书局 2016 年版，第 67 页。

⑤ 金良年译注：《孟子译注》，上海古籍出版社 2016 年版，第 313 页。

百姓的基本生活需求。如，在《大禹谟》中就记载，“德惟善政，政在养民”；孔子也主张“养民也惠”①，意思是要让百姓得实惠，首先要“富之”，然后才能“教之”；孟子提出“若民，则无恒产因无恒心。苟无恒心，放辟邪侈，无不为已。及陷于罪，然后从而刑之，是罔民也”②，就是说，让百姓吃饱穿暖，有了“恒产”的生活保障，人心才能稳定，国家才能安定。明末清初的思想家唐甄则主张能否养民富民是判断政治优劣的标准，认为：“立国之道无他，惟在于富。自古未有国贫而可以为国者。”③。意思是，只有让大多数老百姓过上好日子，才能获得人民拥戴，实现政权稳固、国家繁荣。

传统政治文化中的民本思想是封建专制时代的产物，维护的是统治阶级的利益，主要目的是稳固至上的皇权，无法真正落实到政治实践中。但是，也在一定程度上制约了封建皇权专制，对历史发展和社会进步产生过积极的推动作用，为当代人民当家作主的中国特色社会主义执政理念提供了思想渊源。中国共产党自成立以来始终把全心全意为人民服务作为自己的根本宗旨，始终坚持群众路线，其文化发展的出发点与归宿始终是坚持以人民为中心，这是对中国传统文化中“民本”思想的进一步传承和发展。习近平总书记在党史学习教育动员大会和庆祝中国共产党成立 100 周年大会等重要讲话中，多次强调指出：“江山就是人民，人民就是江山，打江山、守江山，守的是人民的心。中国共产党根基在人民、血脉在人民、力量在人民。”④中国特色社会主义制度汲取了古代民本思想的精华，批判地继承了以人为本的政治理念，在追求人民幸福、国家富强的道路上始终坚守人民主体地位，始终注重增强人民的获得感、幸福感、安全感，为人民对美好生活的向往而努力奋斗，这就赋予了中国特色社会主义制度最为坚实的合法性基础。

（二）优秀传统文化中的思想精华

在中华优秀传统文化中，仁者爱人的道德情操、和而不同的共生哲学、

① 陈晓芬译注：《论语》，中华书局 2016 年版，第 46 页。

② 金良年译注：《孟子译注》，上海古籍出版社 2016 年版，第 22 页。

③ 钱钟联、章培恒等：《中国文史哲大辞典》，上海辞书出版社 2018 年版，第 1656 页。

④ 习近平：《在庆祝中国共产党成立 100 周年大会上的讲话》，《人民日报》2021 年 7 月 12 日。

刚健自强的进取精神……孕育了中华民族宝贵的精神品格，体现了在中华传统政治文化的政治理想中，最基础的是注重政治道德修养和政治人格完善。[①]

1. 仁者爱人

儒家思想是传统文化的主流，其中的核心范畴，是“仁”。子曰，“志于道，据于德，依于仁，游于艺”[②]，主张仁是伦理道德的根本，是“统摄诸德”的最高原则，“天下归仁”是最高的社会道德境界。

孔子最早定义了“爱”是仁的本质属性，把内心品质的爱人之“仁”转化为普遍的伦理道德规范。《论语·颜渊》中记载：“樊迟问仁。子曰：‘爱人。’”若使每个人都可以得到仁，该怎么做呢？孔子解释说：“夫仁者，己欲立而立人，己欲达而达人”，“己所不欲，勿施于人”。[③] 前者是从积极的意义上说，从自己的“欲立”“欲达”促成别人的“欲立”“欲达”，后者是从消极的意义上说，从自己的“不欲”推想到别人，强调不能将自己的“不欲”强加到别人身上，这两方面合起来就是儒家强调的“忠恕之道”。[④] 孟子继承并发展了孔子的仁爱思想，在《孟子·离娄下》中明确提出了“仁者，爱人”的命题，主张爱人首先是“亲亲，仁也”[⑤]、“仁之实，事亲是也”[⑥]；之后，孟子扩展了仁爱的范围，使仁爱的对象更加明确，即将爱亲扩展到爱人，“老吾老，以及人之老；幼吾幼，以及人之幼”，指出“君子所以异于人者，以其存心也。君子以仁存心，以礼存心。仁者爱人，有礼者敬人。爱人者，人恒爱之；敬人者，人恒敬之”[⑦]。这就将人内心的仁爱扩展到外在的仁政，君子心中有仁、心中有礼，内心充满慈爱的仁德之人才能关爱、尊重他人，同时，关爱、尊重他人的人也会收获他人的关爱和尊重，仁者爱人的社会效应随之形成。

---

① 包心鉴：《中国制度的内在逻辑和独特优势》，《社会科学研究》2019 年第 5 期。

② 陈晓芬译注：《论语》，中华书局 2016 年版，第 65 页。

③ 陈晓芬译注：《论语》，中华书局 2016 年版，第 163 页。

④ 复旦大学哲学系中国哲学教研室：《中国古代哲学史》（上），上海古籍出版社 2011 年版，第 24 页。

⑤ 金良年译注：《孟子译注》，上海古籍出版社 2016 年版，第 262 页。

⑥ 金良年译注：《孟子译注》，上海古籍出版社 2016 年版，第 170 页。

⑦ 金良年译注：《孟子译注》，上海古籍出版社 2016 年版，第 191 页。

西汉时期，董仲舒为了回答大一统王朝如何统一思想的命题，强调安人、爱人的仁爱精神，主张爱别人是实现“仁”的根本途径，“仁之法在爱人，不在爱我”“人不被其爱，虽厚自爱，不予为仁”，一则要加强个人德性的修养，一则要以仁爱的思想去关爱他人，统治者要以百姓、群体为指归，施行仁政。同时，董仲舒进一步将“爱”延伸到其他动物，更认为爱与不爱是区分仁与不仁的主要标志，“质于爱民，以下至于鸟兽昆虫莫不爱。不爱，奚足谓仁？仁者，爱人之名也”[①]。唐代思想家韩愈也提出“博爱之谓仁”，主张具有博爱精神就是仁。仁者爱人，反映了人类生命深处的眷恋和爱意，是人高于其他动物的标志；仁者爱人，表明只有具备了宽广胸襟和高尚品德的仁者才有能力爱人，也就需要人们不断完善道德人格。宋代理学家朱熹在《朱子语类》中进一步发展了仁爱思想，他指出：“仁者，爱之理；爱者，仁之事。仁者，爱之体；爱者，仁之用”，“天地万物与吾一体，固所以无所不受”。[②] 意思是：仁是爱用之本，爱是仁体之用，仁与爱具有本体论上的同一性，仁爱的一体性要求超越家庭、人类社会达至天下一家、万物一体。

由于社会制度和历史背景的限制，传统的仁爱思想不可避免地带有封建主义的色彩。但是，仁者爱人的道德情操、博爱取向，是以“爱人”为核心要义，倡导人与人之间的互敬互爱、和睦相处，更要求人们以爱人之心对待天地万物，凸显“与天地参”的最终价值指向。仁爱精神早已渗透于中华民族血脉之中，铸就了中华民族的独特品质，为和谐人际关系、维护社会安定、构建友善的民族关系及友好的国际关系提供了深厚的智慧资源和内在动力。

2. 和合共生

“和而不同”是中国古代历史上众多政治家和思想家追寻的社会政治文明的精髓。作为协调各种社会关系的基本准则，和而不同思想以“和为贵”为核心，强调的是一种相互包容、彼此共生的关系，蕴含的是崇尚和平、尊重差异、包容互鉴、共同进步的精神，体现了中华民族海纳百川的大国胸襟，对

① 苏舆：《春秋繁露义证》，中华书局1992年版，第63页。
② 黄士毅：《朱子语类汇校》（第四卷），上海古籍出版社2014年版，第203页。

中华民族多元一体格局的形成发挥了积极作用[①]，是中华优秀传统文化得以延续发展的关键。

春秋时期，已有了“和”与“同”两个概念。《尚书》中载有“百姓昭明，协和万邦”“庶政惟和，万国咸宁”的论述，表达的是一种关系；《吕氏春秋》中记载，“天地合和，生之大经也”，主张“和”是宇宙万物存在的根基。《国语》中有一段史伯和郑桓公关于“和”的论辩，“夫和实生物，同则不继。以他平他谓之和，……故先王以土与金木水火杂，以成百物。是以和五味以调口，刚四支以卫体，和六律以聪耳，……声一无听，物一无文，味一无果，物一不讲”[②]，表明“和”不是同一，而是相异事物之间的统一。孔子最早提出“和而不同”的命题，在《论语》中将“和”与“同”作为评判君子和小人的标准。其所谓“君子和而不同，小人同而不和”[③]，意思是真正有德行的君子以“和”立世，与人交往善于包容、尊重差异，能够求同存异、与他人和睦相处，但又不是盲目地苟且求同；无德行的小人则恰恰相反，不顾不同主体间的差别，只知苟且寻求绝对的同一，表面看似和谐，内里却是虚假的讨好。孔子用个人修养层面上两种不同的处世方式，说明“和”是包容了“异”的“和”，是保存矛盾对立的和谐，而不是排斥、取消矛盾对立面的差异的“同”。历史上，大部分儒家思想家都认为相互协调是事物得以发展和延续的内在规律，“和而不同”是化解一切不同价值观、不同理念的思维方式，主张在存在差异的不同事物间寻求对立统一、使其彼此依存，为后世解决思想分歧、协调社会关系提供了价值参考。

“和而不同”内含着探索不同性质的事物如何在同一系统之内共存共生，兼容并蓄、相辅相成，以实现“万物并育而不相害，道并行而不相悖”[④]的理想境界，体现了古代思想家对事物的存在状态和发展规律的哲学思考和价值取向，传递出来的是一种宽广包容、旷达平和的精神。这一价值理念也为古人所广泛推崇，并体现在个人修养、社会交往和国家治理等各个层面。

---

① 张世杰：《“中”“和”传统精神的当代启示》，《中州学刊》2004 年第 1 期。

② 陈桐生译注：《国语》，中华书局 2016 年版，第 262 页。

③ 陈晓芬译注：《论语》，中华书局 2016 年版，第 187 页。

④ 杨天宇译注：《礼记译注》，上海古籍出版社 2016 年版，第 345 页。

其中,和合共生表现在国家关系上,就是倡导“协和万邦”的理念,主张国家间应当讲信修睦、礼尚往来,而不能倚强凌弱、以富压贫。再如,我国古代在“天下一家”的前提下,主张以文化、习俗等社会因素作为区分民族的标准,认为华夏民族对不同民族的诸侯国应当以文化作为主要标准去衡量其先进与落后,夷狄在风俗文化礼仪方面落后于华夏民族,应当用先进的文化去教化他们。春秋早期被视为夷狄的秦、楚、吴、越诸国,到了战国时期,只要采用了中原华夏民族的礼乐刑政制度,便不再是夷狄。从中可见,和而不同的思想就其精神实质来说,体现的是一种政治宽容精神。“所谓诸夏与戎狄,其实只是文化生活上的一种界限,乃耕稼城郭诸邦与游牧部落之不同”,“惟其为耕稼的社会,故有城郭、宫室、宗庙、社稷、衣冠、礼乐、车马、货贿,此则为诸夏。惟其为游牧的社会,故无上述城郭、宫室诸文物,而饮食、衣服种种与诸夏异,而成其为蛮夷戎狄”。①

习近平总书记在纪念孔子诞辰2565周年的学术研讨会上指出:“物之不齐,物之情也。‘和而不同’是一切事物发生发展的规律。世界万物万事总是千差万别、异彩纷呈的,如果万物万事都清一色了,事物的发展、世界的进步也就停止了。”②和而不同、海纳百川的文化基因深刻反映了中华民族热爱和平、崇尚友善的价值追求,是华夏文明历经千年、生生不息、薪火相传、延续发展的深厚滋养,形成了中华民族“有容乃大”“以和为贵”的胸襟与格局,使得“中国的文化是比民族主义更为基本的东西”③,是中华民族处理人与自然、人与人、国与国关系的重要准则和政治智慧,也是中国特色社会主义和平发展思想的重要理论来源。“和合共生”理念的主要特点,是将他者视作与自身对等的主体,双方基于普遍价值认同形成将心比心、推己及人、化冲突为和谐的良性互动关系,能够将交往双方纳入福祸相依、休戚与共的联结状态。它折射出的思维方式与交往原则,与习近平总书记提出的构建人类命运共同体理念本质上是一致的,并且在新时代语境下被赋予了新的

---

① 钱穆:《国史大纲》(全二册),九州出版社2011年版,第73页。

② 习近平:《在纪念孔子诞辰2565周年国际学术研讨会上的讲话》,《人民日报》2014年9月24日。

③ 费正清:《美国与中国》,世界知识出版社2001年版,第93页。

时代内涵。人类命运共同体理念深刻反映着世界上各个国家、各个民族、各个地区“一荣俱荣、一损俱损”的命运与共的现实，又内在蕴含着全世界人民共同的对美好生活的价值追求，是超越西方单边主义、保守主义等倾向，推动世界治理体系朝着更加公正合理的方向演进的新的发展理念和价值观念。

3. 自强不息

刚健有为、自强不息是中华优秀传统文化的基本精神，体现着中华民族敢于直面困难、昂扬向上、勇于担当、拼搏奋斗的民族性格，推动着华夏文明在绵延数千年的历史长河中百折不挠、蓬勃向前。在文明之初的古代神话传说里，如盘古开天辟地、女娲补天、大禹治水、愚公移山、精卫填海、后羿射日等，充分彰显出华夏民族面对自然困境和艰难生存境遇时不怕输、不服输、勇于开拓的进取精神。神话传说中展现出来的砥砺奋进、不屈不挠的民族气质，逐渐渗透并蕴藏在华夏民族的血液中，成为维系中华民族生生不息、永续发展的精神纽带。

众所周知，“自强不息”语出《周易·乾卦·象传》“天行健，君子以自强不息”[①]，以刚健有为描述天道运行化生万物的过程，表达了古人对天道的总体认识和根本看法。《周易》常常推天道以明人事，以天道来比喻人道，用“以”字联结“天行健”与“自强不息”，在一定意义上也是贯通天人的体现。天道永远处于川流不息、运转生化的过程中，因此君子也应该效法天道的刚健品格，发奋拼搏，积极进取，追求“日新”和“不息”，在进取的过程中时刻激励自己永不懈怠，使有限的生命获得永恒价值。[②] 在《周易·系辞上传》中，进一步从人事层面加以阐释，“富有之谓大业，日新之谓盛德，生生之谓易”[③]。先贤孔子言传身教，说过“三军可夺帅也，匹夫不可夺志也”[④]，从治学角度提出“学而不厌，诲人不倦”[⑤]，并以“发愤忘食，乐以忘忧，不知老之将至”[⑥]明确了治学精要在于发奋进取、持之以恒、不可倦怠，从一个侧面对“自

① 阮元校刻：《周易兼义》，浙江大学出版社 2014 年版，第 14 页。
② 张涛：《〈周易〉“自强不息”的历代诠释》，《西北大学学报》（哲学社会科学版）2021 年第 1 期。
③ 阮元校刻：《周易兼义》，浙江大学出版社 2014 年版，第 78 页。
④ 陈晓芬译注：《论语》，中华书局 2016 年版，第 90 页。
⑤ 陈晓芬译注：《论语》，中华书局 2016 年版，第 64 页。
⑥ 陈晓芬译注：《论语》，中华书局 2016 年版，第 68 页。

强不息”精神作了诠释。而且，孔子一生致力于恢复周礼、匡扶乱世，“知其不可为而为之”，正是践行“自强不息”品格的典范。孟子从人格修养的角度，提出“吾善养吾浩然之气”[①]，强调人要确立发自内心的独立人格，要有志气和奋斗的勇气；并充分肯定了“富贵不能淫，贫贱不能移，威武不能屈”[②]的“强势人格”。真正的强者无论身处任何情境，都能够“动心忍性”、秉持初心，以积极有为、独立不改的精神追求和人格品质面对人生。荀子则从天人关系的角度，提出了“大天而思之，孰与物畜而制之；从天而颂之，孰与制天命而用之”[③]的论断，强调人要去探求自然的规律并为我所用，充满了豪迈的自强精神。自此，中国传统文化中一直秉持着与刚健有为、自强不息相一致的精神品格，无数思想家和仁人志士坚忍不拔、迎难而上、攻坚克难。

太史令司马迁在《史记·太史公自序》中记述：“西伯拘而演《周易》；仲尼厄而作《春秋》；屈原放逐，乃赋《离骚》；左丘失明，厥有《国语》；孙子膑脚，《兵法》修列；不韦迁蜀，世传《吕览》；韩非囚秦，《说难》《孤愤》；《诗》三百篇，大抵圣贤发奋之所为也。”历史上，自强不息的精神始终感召和激励着华夏儿女勇往直前，和平年代以壮志豪情开拓进取、建功立业，民族危难之时勇敢地揭竿而起抵抗暴政、为国戍边勇于杀敌、不畏强暴英勇不屈、主动变法维新以挽救国家和民族于危亡之中的事例比比皆是，无数仁人志士传承着刚健有为、奋进不止的正能量。正如鲁迅先生所说：“我们从古以来，就有埋头苦干的人，有拼命硬干的人，有为民请命的人，有舍身求法的人……虽是等于为帝王将相作家谱的所谓‘正史’，也往往掩不住他们的光耀，这就是中国的脊梁。”自强不息作为中华民族精神的内核，在中华民族发展史上起到了独特而不可替代的作用。[④] 习近平总书记指出：“‘天行健，君子以自强不息’、‘地势坤，君子以厚德载物’的变革和开放精神，使中华文明成为人类历史上唯一一个绵延5000多年至今未曾中断的灿烂文明。”[⑤]作为中国特色社会主义重要组成部分的

① 万丽华、蓝旭译注：《孟子》，中华书局2006年版，第57页。
② 王立群：《游走在历史与现实之间》，北京大学出版社2021年版，第146页。
③ 蒋南华注译：《荀子全译》，贵州人民出版社2009年版，第357页。
④ 张岂之：《中华优秀传统文化核心理念读本》，学习出版社2014年版，第100页。
⑤ 习近平：《在庆祝改革开放40周年大会上的讲话》，《人民日报》2018年12月19日。

中国特色社会主义制度，蕴含着中华传统文化尤其是传统政治文化中的许多积极因素，能够引领中华民族“在任何困难和风险面前都从来不放弃、不退缩、不止步，百折不挠为自己的前途命运而奋斗”[①]。

二、革命文化是中国特色社会主义制度优势的精神命脉

革命文化在血与火的革命岁月中诞生，是近代以来，特别是五四新文化运动以来，在中华民族内忧外患、社会危机空前深重的背景下，中国共产党在马克思主义的指导下，领导全国各族人民在革命战争年代和社会主义建设的长期艰苦奋斗中不断创造和淬炼的红色文化精神，体现着中国共产党人崇高的政治理想，凝聚着广大人民群众的高尚道德和优良品质，包含了体现社会主义、共产主义价值目标的精神形态。[②] 在伟大的国家独立、民族复兴的道路上，革命文化是马克思主义中国化的先进文化奠基，“对于人民大众，是革命的有力武器”[③]，是引领我国革命从一个胜利走向更大胜利的重要思想武器和精神法宝，是中国特色社会主义制度厚重有力的精神支柱。

（一）革命战争年代的革命文化

在探索民族独立、人民解放的伟大征程中，中国共产党将马克思列宁主义与我国实际相结合，在血雨腥风、风雨如磐的革命战争岁月中熔铸出如红船精神、井冈山精神、长征精神、延安精神和西柏坡精神等蓬勃向上的革命精神，带领中国人民一步步走向胜利，凝聚了中国共产党人和中华儿女的理想信念、精神追求，展现了中国人民顽强不屈、坚韧不拔的民族气节和英雄气概。[④]

1. 红船精神

1921 年 7 月 23 日，中国共产党第一次全国代表大会在上海开幕。后因会场遭到法租界巡捕的袭扰，代表们被迫转移到浙江嘉兴南湖的一条游船

① 习近平：《在全国抗击新冠肺炎疫情表彰大会上的讲话》，人民出版社 2020 年版，第 26 页。
② 付佳迪：《中国特色社会主义制度的文化根基》，中国社会科学网 2020 年 1 月 9 日。
③ 《毛泽东选集》（第二卷），人民出版社 1991 年版，第 708 页。
④ 程彪、张荣荣、王春林：《革命文化的历史性内涵与时代价值》，《理论探讨》2019 年第 3 期。

上,并在船上完成大会议程,庄严宣告中国共产党正式成立。这条游船因而获得了一个永载中国革命史册的名字——红船。中国共产党在完成建党伟业中所铸就的伟大革命精神,被称为红船精神。红船,见证了中国历史上开天辟地的大事变,一直接受着人们特别是共产党人的瞻仰。

2005年6月1日,时任浙江省委书记习近平在《光明日报》上发表文章,首次提出并阐释了红船精神:“开天辟地、敢为人先的首创精神,坚定理想、百折不挠的奋斗精神,立党为公、忠诚为民的奉献精神,是中国革命精神之源,也是‘红船精神’的深刻内涵。”①开天辟地、敢为人先的首创精神,是红船精神的灵魂,是动力之源,体现了中国共产党创建时期的社会历史条件,强调了早期共产党人改变近代中国社会命运、追求民族独立和人民解放的志向和责任担当,揭示了共产党人的初心和使命;坚定理想、百折不挠的奋斗精神,是红船精神的支柱,是胜利之本,体现了中国共产党特有的政党品质、广大共产党人“为实现共产主义而奋斗”的远大理想和信仰追求;立党为公、忠诚为民的奉献精神,是红船精神的本质,是政德之基,体现了共产党人的社会理想、价值取向和根本宗旨、道德要求,是共产党人初心和使命的全部立足点。红船精神就是中国共产党的建党精神,是中国革命的源头,是党的先进性的集中体现,②具有超越时空的永恒价值,激励着中国共产党人始终站在历史和时代发展的潮头,为中华民族突破重重难关、打破敌人的入侵和封锁、推翻三座大山、建立社会主义新中国、为中国人民谋幸福、为中华民族谋复兴而不懈奋斗、勇往直前。2017年10月31日,党的十九大闭幕仅一周,习近平总书记率领中央政治局常委瞻仰上海中共一大会址和嘉兴南湖红船时再次阐述红船精神,指出“上海党的一大会址、嘉兴南湖红船是我们党梦想起航的地方。我们党从这里诞生,从这里出征,从这里走向全国执政。这里是我们党的根脉”③,强调共产党人的初心永远不能改变,要结合时代特点大力弘扬红船精神,推动中国共产党红色基因的传承与弘扬。为此,党的十九届四

---

① 习近平:《弘扬“红船精神” 走在时代前列》,《光明日报》2005年6月1日第1版。

② 陈水林:《论“红船精神”》,《红旗文稿》2011年第11期。

③ 《梦想,从这里启航——记习近平总书记带领中共中央政治局常委赴上海瞻仰中共一大会址、赴浙江嘉兴瞻仰南湖红船》,新华网2017年11月1日。

中全会也特别强调要建立不忘初心、牢记使命的制度。

2. 井冈山精神

1927年10月27日，毛泽东主席率领工农革命军第一师第一团到达江西井冈山，点燃了中国革命的星星之火，创建了全国第一块农村革命根据地，开辟出一条马克思主义基本原理同中国具体实际相结合的“农村包围城市，武装夺取政权”的崭新革命道路，开启了中国革命走向胜利的光辉征程，培育了跨越时空的井冈山精神。[①] 1965年，毛泽东主席重上井冈山时首次提出井冈山精神，说“井冈山的革命精神不要丢了”，并强调井冈山的革命精神离不开“艰苦奋斗、支部建立在连上、士兵委员会”三方面的努力，强调好制度和好作风的重要性。[②] 习近平总书记更是在2006年、2008年、2016年三上井冈山，并指出：“井冈山是中国革命的摇篮。井冈山时期留给我们最为宝贵的精神财富，就是跨越时空的井冈山精神”，“坚持坚定执着追理想、实事求是闯新路、艰苦奋斗攻难关、依靠群众求胜利，让井冈山精神放射出新的时代光芒。”[③]

井冈山精神是以毛泽东同志为主要代表的中国共产党人在开辟中国革命新道路过程中形成的伟大革命精神。崇高的理想、坚定的信念，是共产党人和工农红军坚守的政治灵魂和精神支柱。大革命失败后，面对“红旗到底能打多久”的迷茫和质疑，坚强的中国共产党人始终坚定对马克思主义的信仰，坚定对社会主义和共产主义、对中国革命光明未来的信念和追求，在物质条件极度匮乏、白色政权经济上严密封锁和军事上频繁“围剿”的情势下，毅然决然团结战斗，在艰苦卓绝的斗争中焕发出战胜一切困难的超凡勇气。实事求是、敢闯新路，是井冈山精神的核心。在创建井冈山革命根据地的过程中，毛泽东同志深入实际、深入群众，创造性地提出“以农村为中心”的革命道路思想，提出了“思想建党”“党指挥枪”“支部建在连上”“官兵平等”等建党建军思想，提出了“三大纪律、八项注意”和红军的“三大任务”以及红军

① 肖发生、张泰城：《井冈山精神：红色基因鲜活教材》，《中国教育报》2021年4月8日。

② 张昭国：《毛泽东1965年重谈井冈山精神的历史反思》，《井冈山大学学报》（社会科学版）2010年第3期。

③ 习近平：《行程万里，不忘初心》，《中国老区建设》2016年第4期。

作战的“十六字诀”,在一系列实践探索中初步闯出了一条中国特色的革命道路——农村包围城市,武装夺取政权的道路。艰苦奋斗是我们党的政治本色和优良传统,也是井冈山精神的基石。为了解决穿衣问题、医疗问题、食盐奇缺等困难,井冈山军民自力更生、艰苦创业,办起了被服厂、军械所、印刷厂、造币厂、小井红军医院及红色圩场等,凭着乐观主义革命精神,战胜了一个又一个困难,使革命根据地一天一天扩大。群众路线是党的生命线,党的根基在人民,血脉在人民,力量在人民。党和红军一开始就把“做群众工作”作为红军的三大任务之一。毛泽东同志在论述小块红色政权为什么能够存在时,把“有很好的群众”作为第一位的因素。正是通过多种方式激发人民参加革命、支持革命的热情和行动,与人民建立起鱼水情深的血肉联系,赢得人民的真心拥护和支持,党和红军才能创造以少胜多、以弱胜强的黄洋界保卫战、永新困敌战等战斗的胜利,革命根据地才能在白色恐怖之中发展壮大。井冈山精神集中体现了我们党和人民军队的性质和宗旨,对中国革命历史进程产生了广泛而深远的影响,也是我们党团结带领人民夺取革命、建设、改革胜利的强大精神力量。① 在新的历史方位和历史使命下,井冈山精神依然是激励我们面对现实挑战不断前进的强大精神动力,为坚定中国特色社会主义道路提供了精神支撑。

3. 长征精神

1934 年 10 月至 1936 年 10 月,中国工农红军进行了伟大的二万五千里长征,这是我们党历史上光辉灿烂的一页,铸就了伟大的长征精神,构成了中国革命文化的重要部分。在纪念红军长征胜利 80 周年大会上的重要讲话中,习近平总书记强调:“伟大长征精神,作为中国共产党人红色基因和精神族谱的重要组成部分,已经深深融入中华民族的血脉和灵魂,成为社会主义核心价值观的丰富滋养,成为鼓舞和激励中国人民不断攻坚克难、从胜利走向胜利的强大精神动力。”中国共产党人和红军将士用生命和热血铸就的伟大长征精神包含:把全国人民和中华民族的根本利益看得高于一切,坚定革命的理想和信念,坚信正义事业必然胜利的精神;为了救国救民,不怕任何

---

① 肖发生、张泰城:《井冈山精神:红色基因鲜活教材》,《中国教育报》2021 年 4 月 8 日。

艰难险阻，不惜付出一切牺牲的精神；坚持独立自主、实事求是，一切从实际出发的精神；顾全大局、严守纪律、紧密团结的精神；紧紧依靠人民群众，同人民群众生死相依、患难与共、艰苦奋斗的精神。[①]

长征精神继承了井冈山精神中艰苦奋斗、实事求是等优良传统，长征的胜利是中国共产党人理想信念的胜利。长征途中，英雄的红军血战湘江，四渡赤水，巧渡金沙江，强渡大渡河，飞夺泸定桥，鏖战独树镇，勇克包座，转战乌蒙山，击退上百万穷凶极恶的追兵阻敌，征服空气稀薄的冰山雪岭，穿越渺无人烟的沼泽草地，纵横10余省，历尽苦难而淬火成钢，归根到底在于心中的远大理想和革命信念始终坚定执着，始终激励和指引着红军一路向前。诚如埃德加·斯诺在《红星照耀中国》中写道："冒险、探索、发现、勇气和胆怯、胜利和狂喜、艰难困苦、英勇牺牲、忠心耿耿，这些千千万万青年人的经久不衰的热情、始终如一的希望、令人惊诧的革命乐观情绪，像一把烈焰，贯穿着这一切，他们不论在人力面前，或者在大自然面前，上帝面前，死亡面前都绝不承认失败——所有这一切以及还有更多的东西，都体现在现代史上无与伦比的一次远征的历史中了。"[②]

长征的胜利，是方向和道路的胜利，是我们党和革命事业不断砥砺前行的精神动力。长征过程中，每一位红军战士信念坚定、百折不挠，铸就了以不怕苦、不怕死为本质的长征精神，在团结全国各族人民实现复兴之梦的伟大征途中依然是指引我们前进的灯塔。习近平总书记深刻指出，弘扬伟大长征精神，走好今天的长征路，必须坚定共产主义远大理想和中国特色社会主义共同理想，为崇高理想信念而矢志奋斗。[③]

4. 延安精神

延安是中国革命的圣地。从1935年到1948年，中共中央在这里领导指挥了抗日战争和解放战争，是中国革命事业转败为胜、走向全面胜利的关键时期，也是党的先进性建设成效卓著的时期。13年峥嵘岁月，中国共产党由

---

① 习近平：《在纪念红军长征胜利80周年大会上的讲话》，《人民日报》2016年10月22日。

② [美]埃德加·斯诺著，胡愈之、胡仲持等译：《红星照耀中国》，人民教育出版社2018年版，第4页。

③ 习近平：《在党史学习教育动员大会上的讲话》，《人民日报》2021年2月21日。

小到大、由弱到强，从低谷走向高峰，最终扭转了中国的乾坤。我们党在延安时期的活动，孕育了永放光芒的延安精神。① 延安精神是老一辈革命家和老一代共产党人在极其艰苦的环境下，为争取民族独立和人民解放所体现出来的理想信念、精神风貌、思想品德、工作与生活作风的精华和结晶，以坚定正确的政治方向、解放思想实事求是的思想路线、全心全意为人民服务的根本宗旨、自力更生艰苦奋斗的创业精神为主要内容，具有强大的稳定性和持久力。正是凭借着这种精神力量，我们进行了陕甘宁革命老区的大生产运动、整风运动、干部教育运动、劳模运动等，加强了党的建设，巩固了党的地位。

坚定正确的政治方向是延安精神的灵魂，体现了政治方向的科学性、正确性和坚定性。方向决定道路，道路决定命运。党的七大确立了毛泽东思想在全党的指导地位，确定了正确的思想路线、政治路线、组织路线、群众路线，全党实现了空前的团结。在延安这座革命的大熔炉里，党始终把坚定正确的政治方向放在第一位，把成千上万的革命青年培养成了坚定的革命战士。正是由于我们党的政治方向坚定正确，吸引了一大批有志之士投奔延安，很多热血青年是“打断骨头连着筋，扒了皮肉还有心，只要还有一口气，爬也要爬到延安城”②。他们不怕走烂脚底板，也不怕遇上九妖十八怪，只怕吃不上延安的小米，不能到前方抗战，只怕取不上延安的经典，不能变成最革命的青年。

解放思想、实事求是的思想路线是延安精神的精髓，体现了思想路线的真理性。1936 年底到 1937 年夏，毛泽东同志先后写出《中国革命战争的战略问题》《实践论》《矛盾论》等，从思想路线的高度总结党的历史经验，力求在全党范围确立实事求是的思维方式和行为准则。1938 年在党的六届六中全会上，毛泽东同志向全党提出“使马克思主义中国化”的号召，首次使用了“实事求是”这个概念，后来又在《改造我们的学习》（1941 年 5 月）一文中作了详细的阐释。从 1942 年 2 月开始，全党进行普遍整风，将党内长期存在的

① 龚仕建、原韬雄：《延安精神永放光芒：奋斗百年路 启航新征程》，《人民日报》2021 年 2 月 4 日。

② 胡献忠：《中国青年运动一百年（1919—2019）》，中国青年出版社、江苏人民出版社 2022 年版，第 218 页。

主观主义学风概括为教条主义和经验主义两种形式。经过整风运动，全党树立起了实事求是的思想路线，奠定了中国共产党人成就伟业的思想基石。整风是抗日战争和中国革命胜利的保障，直至今天依然是党领导建设中国特色社会主义伟大事业的重要动力。

全心全意为人民服务的根本宗旨是延安精神的本质，体现了价值取向的人民性。延安时期，党把为人民服务的精神写入党章：中国共产党人必须具有全心全意为中国人民服务的精神。把全心全意为人民服务作为我们党的政治立场和行为准则，是由党的马克思主义政党性质决定的，是由党的世界观和指导思想以及党的伟大历史使命与奋斗目标决定的。延安精神激励着共产党人和革命者融入广大人民群众之中，官兵一致，军民一致，水乳交融，使我们党获得了最广大人民群众的拥护和支持，这是我们党从胜利走向胜利的最大政治优势。

自力更生、艰苦奋斗的创业精神是延安精神的重要标志，体现了实践品格的自主性和奋斗性。在延安，面对环境的艰苦和敌人的封锁，党中央领导根据地广大军民开展大生产运动，自己动手、丰衣足食，在逆境中求生存、谋发展，将荒无人烟的黄土高坡，改造成五谷飘香的“陕北好江南”。我们党能够以“小米加步枪”打败拥有美式装备的国民党军队，从一个胜利走向更大的胜利，依靠的正是党员群众形成的自力更生、艰苦奋斗的精神品质、积极向上的精神状态和坚韧不拔的政治本色。

延安精神凝聚了党心、赢得了民心，为中国共产党的发展壮大，为抗日战争、解放战争的胜利和新中国的成立、建设与发展提供了源源不断的巨大力量。因此，2020 年 4 月，习近平总书记在陕西考察时强调：“延安精神培育了一代代中国共产党人，是我们党的宝贵精神财富。要坚持不懈用延安精神教育广大党员、干部，用以滋养初心、淬炼灵魂，从中汲取信仰的力量、查找党性的差距、校准前进的方向。”①

① 《新华月报》编著：《习近平在陕西考察时强调 扎实做好“六稳”工作落实“六保”任务奋力谱写陕西新时代追赶超越新篇章》，《新华月报》（2020 年第 10 期），东方出版社 2020 年版，第 16 页。

5. 西柏坡精神

西柏坡精神是中国共产党在我国从新民主主义革命向社会主义革命转变、党从革命党向执政党转变、党的工作重心从农村向城市转变、党的中心任务从革命向建设转变的伟大历史转折时期，在领导人民群众进行革命实践中形成的一种精神。作为历史性转变中的理论创新①，西柏坡精神是指以毛泽东主席为首的党中央在驻西柏坡期间，所体现和创立的一系列革命精神，是以敢于斗争、敢于胜利、依靠群众、为民创业和继续革命、再创大业为主要内容的深邃思想。

西柏坡时期，面对从打破一个旧世界到建设一个新世界转变的新形势新任务新变化，中共中央、中央军委领导指挥了辽沈、淮海、平津三大战役，共歼灭国民党军队154万余人，奠定了全国胜利的牢固基础；推进土地改革、颁布《中国土地法大纲》，明确规定废除封建性及半封建性剥削的土地制度，实行耕者有其田的土地制度，使亿万农民迸发出空前高涨的革命热情，为推进战略进攻胜利发展和夺取革命的全国胜利奠定了可靠基础；并于1949年3月召开了具有深远历史意义的七届二中全会，确定了党在全国胜利后，由农业国向工业国、由新民主主义社会发展到社会主义社会的总任务和在政治、经济、外交等方面的基本政策，为促进全国胜利的到来，推动新中国各项建设奠定坚实基础。我们党在一系列革命实践中孕育形成了以“两个务必”“赶考”等为主要内容的西柏坡精神，为夺取全国政权后经受住执政考验提供了思想基础和精神准备。

为了跳出“其兴也勃焉，其亡也忽焉”的历史周期率，毛泽东同志从中国历史上的兴衰治乱中汲取保持马克思主义政党谦虚谨慎、艰苦奋斗本色的历史智慧，在七届二中全会上强调，“我们不但善于破坏一个旧世界，我们还将善于建设一个新世界”，并告诫全党，夺取全国胜利，这只是万里长征走完了第一步，今后的道路更长，工作更伟大、更艰苦，因此“务必使同志们继续地保持谦虚、谨慎、不骄、不躁的作风，务必使同志们继续地保持艰苦奋斗的

① 金民卿：《历史性转变中的理论创新》，《光明日报》2010年6月15日。

作风”。[①] 2013 年 7 月,习近平总书记在河北省调研指导党的群众路线教育实践活动时指出,“毛泽东同志当年在西柏坡提出‘两个务必’,包含着对我国几千年历史治乱规律的深刻借鉴,包含着对我们党艰苦卓绝奋斗历程的深刻总结,包含着对胜利了的政党永葆先进性和纯洁性、对即将诞生的人民政权实现长治久安的深刻忧思,包含着对我们党坚持全心全意为人民服务根本宗旨的深刻认识,思想意义和历史意义十分深远”[②]。

创业难,守业更难。夺取政权不易,巩固政权更不易。能否一以贯之坚持“两个务必”,是中国共产党能否赢得长期执政这场严峻考验的关键。[③] 1949 年 3 月 23 日上午,毛泽东同志率中共中央机关离开西柏坡前往北京的时候,说了一句意味深长的话,“今天是我们进京赶考的日子”,提出了著名的“赶考”命题。自此,争取考出好成绩,跳出人亡政息的历史周期率,成为中国共产党人执政的永恒考题。新时代,坚持和发展中国特色社会主义,“两个务必”仍是共产党人保持政治本色、战胜艰难险阻的重要法宝;我们面临的挑战和问题依然严峻复杂,“赶考”远未结束。西柏坡精神蕴含的敢于斗争、敢于胜利仍是共产党人必须具备的政治品格,善于学习、主动转变仍是共产党人增强本领、与时俱进的有效途径,强化纪律、严守规矩仍是共产党人应当恪守的重要原则。

(二)社会主义建设时期的革命文化

革命精神是革命文化的核心,是革命实践的升华,代表着革命文化的内在品质。新中国成立后,中国共产党人在建设和改革中国特色社会主义的过程中结合中国实际,结合时代特征,进一步丰富与发展了马克思主义文化理论,形成了“两弹一星”精神、焦裕禄精神、改革开放精神和抗疫精神等宝贵精神财富,为实现中华民族伟大复兴奠定了坚实的文化自信基础。

---

① 《毛泽东选集》(第四卷),人民出版社 1991 年版,第 1438—1439 页。

② 新华社:《习近平在河北调研指导党的群众路线教育实践活动》,中华人民共和国中央人民政府网 2013 年 7 月 12 日。

③ 李颖:《牢记“两个务必” 永葆斗争精神》,《求是》2019 年第 6 期。

1.“两弹一星”精神

20世纪50年代,千疮百孔、百废待兴的新中国受到美国等国核垄断、核讹诈的威胁。为保卫国家安全、维护世界和平,1955年毛泽东同志在中南海召开了关于中国发展核事业的会议,果断作出了自主研制原子弹、导弹、人造地球卫星的战略决策。

“伟大的革命实践产生伟大的革命精神。”①在物质技术基础十分薄弱的条件下,王淦昌、邓稼先、赵九章、郭永怀、钱学森、钱三强等科学家和广大科技工作者们凭着坚定的爱国、报国理想信念,毅然投身罗布泊原221基地,在艰苦卓绝的环境里及苏联撤援毁约的巨大压力下,隐姓埋名、忍辱负重、废寝忘食、自力更生、昼夜奋战在荒漠戈壁上,为我国核事业献上自己的青春年华,甚至牺牲自己的生命,使我国科研技术实现了质的飞跃。1960年11月5日,中国第一枚导弹发射成功;1964年10月16日,中国第一颗原子弹爆炸成功;1967年6月17日,中国第一颗氢弹空爆试验成功;1970年4月24日,中国第一颗人造地球卫星发射成功,《东方红》的旋律响彻太空。中国人民依靠自己的力量,从一穷二白中起步,在内外交困中崛起,实现了国防尖端科技的重大突破,让新中国在列强环伺中站稳脚跟,激荡起中华民族的自信心和自豪感,激励着全国人民以更饱满的热情投入新中国的建设中。邓小平同志曾指出:“如果六十年代以来中国没有原子弹、氢弹,没有发射卫星,中国就不能叫有重要影响的大国,就没有现在这样的国际地位。这些东西反映一个民族的能力,也是一个民族、一个国家兴旺发达的标志。”②1999年9月18日,江泽民同志在表彰为研制“两弹一星”作出突出贡献的科技专家大会上发表讲话,将“两弹一星”精神首次高度凝练与概括为:热爱祖国、无私奉献,自力更生、艰苦奋斗,大力协同、勇于登攀。这24个字,是“两弹一星”参研者创造的伟大精神财富,更是一代中国科技工作者精神世界的真实写照。

“两弹一星”精神是中华民族实现伟大复兴宏伟蓝图的精神脊梁,是爱

① 习近平:《弘扬“红船精神” 走在时代前列》,《人民日报》2017年12月1日。

② 《邓小平文选》(第三卷),人民出版社1993年版,第279页。

国主义、集体主义、社会主义精神和科学精神活生生的体现，凝聚着科技工作者报效祖国的理想信念。习近平总书记强调，爱国，是人世间最深层、最持久的情感。“在中华民族几千年绵延发展的历史长河中，爱国主义始终是激昂的主旋律，始终是激励我国各族人民自强不息的强大力量。”①钱学森的“我活着的目的就是要为全体中国人民服务”，郭永怀的“我们要成为祖国力学事业的铺路石子”，王淦昌的“我愿以身许国”，生动地诠释了老一辈科学家们秉持矢志报国、人民至上的深厚情怀，将国家和民族的长远利益作为自己的最高追求，把对祖国的无限热爱转化为实现国家富强、民族振兴、人民幸福的实际行动，为新时代广大科技工作者肩负新的历史使命，不断向科学技术的广度和深度进军，树立了精神的丰碑、学习的榜样。

2. 焦裕禄精神

兰考县是焦裕禄精神的发祥地。《兰考县志》记载，从 1171 年至 1949 年，黄河兰考段决口 143 次之多。故道、故堤和沙丘、村庄结合，形成上百个风口，加上地势低、地下水位高、土壤含碱量大，风沙、盐碱、内涝成了兰考数百年不绝的“三害”。1962 年，“三害”尤为严重，春天风沙打毁了 20 万亩麦子，秋天淹坏了 30 多万亩庄稼，盐碱地上有 10 万亩禾苗碱死，全县的粮食产量下降到了历年的最低水平，兰考人民被压得喘不过气来。1962 年 12 月，焦裕禄临危受命，出任兰考县委书记，领导全县开展封沙、治水、改地的综合治理工程。他以身作则、身先士卒：在风沙横扫、大雨瓢泼之时，他带头查风口、探流沙、察水势；在漫天风雪中，他率领干部深入群众、访贫问苦。他的衣服、帽子、鞋袜补了又补、缝了又缝。他起草并实施了《干部十不准》，明确了干部廉洁自律的具体要求。依靠一辆自行车和一双铁脚板，他深入调研，走访了 120 多个生产大队。即使在肝部剧痛时，他仍用手甚至硬物顶住痛处，坚持下乡工作，忘我奉献。最终，焦裕禄积劳成疾，于 1964 年 5 月不幸病逝。焦裕禄用自己的实际行动，塑造了一名优秀共产党员和优秀县委书记的光辉形象，铸就了亲民爱民、艰苦奋斗、科学求实、迎难而上、无私奉献的焦裕禄精神。

① 董宇宇：《爱国主义始终是激昂的主旋律》，《光明日报》2018 年 1 月 2 日。

焦裕禄精神主要表现在他“心中装着全体人民”的公仆情怀、凡事探究就里的求实作风、“革命者要在困难面前逞英雄”的奋斗精神和“任何时候都不搞特殊化”的道德情操。毛泽东同志在了解了焦裕禄的事迹后，深受感动，并为焦裕禄题词：“为人民而死，虽死犹荣。”2009 年 4 月 1 日，时任国家副主席习近平在兰考干部群众座谈会上，把焦裕禄精神概括为“亲民爱民、艰苦奋斗、科学求实、迎难而上、无私奉献”。“亲民爱民”，体现了焦裕禄牢记党全心全意为人民服务的革命宗旨、心系群众，“心里装着全体人民、唯独没有他自己”的公仆精神；“艰苦奋斗”，体现了焦裕禄一生勤俭节约、艰苦创业，“咬定青山不放松”的奋斗精神；“科学求实”，体现的是焦裕禄在兰考工作期间实事求是、调查研究，坚持一切从实际出发的求实精神；“迎难而上”，体现的是焦裕禄在为祸数百年的“三害”面前，不怕困难、不惧风险，“敢教日月换新天”的大无畏精神；“无私奉献”，体现的是焦裕禄为官一任，造福一方，无私奉献、廉洁奉公、勤政为民，为党和人民事业鞠躬尽瘁、死而后已的奉献精神。

2014 年，习近平总书记将兰考县设为第二批党的群众路线教育实践活动的联系点，号召党员干部学习焦裕禄精神，指出，“焦裕禄同志是人民的好公仆，是县委书记的榜样，也是全党的榜样”。焦裕禄用自己的实际行动诠释了如何做好县委书记，如何做好一名优秀的共产党员，新时代全国人民再次呼唤学习焦裕禄，学习和弘扬焦裕禄精神是时代的要求。在焦裕禄精神的指引和激励下，兰考人民与贫穷做战斗，到 2017 年 3 月 27 日，兰考全县历时 3 年实现了 7.7 万人整体成功脱贫，成为河南首个“摘帽”的贫困县。兰考的脱贫攻坚之路，正是对焦裕禄精神的生动践行，彰显了我们党人民至上的执政理念，这也是打赢脱贫攻坚战的强大精神动力。

3. 改革开放精神

伟大的时代铸就伟大的精神，伟大的精神引领伟大的时代。1978 年，党的十一届三中全会作出实行改革开放的历史性决策，开启了改革开放和中国特色社会主义的伟大征程。在 40 多年的改革开放历程中，从包产到户的“星星之火”到全面深化改革的风生水起，从兴办经济特区“杀出一条血路来”到建立中国特色社会主义市场经济体制，中国共产党带领全国各族人民在社会主义现代化建设伟大实践中取得了一个又一个的历史性伟大成就，使中国人民在站起来、富起来、强起来的道路上的步伐越发坚定和自信。在改革开放伟大实践中孕育形成的改革开放精神，构成了中国共产党革命精神的重要组成部分。

在庆祝改革开放40周年大会上，习近平总书记首次提出了“改革开放精神”这一重要全新概念。“改革开放铸就的伟大改革开放精神，极大丰富了民族精神内涵，成为当代中国人民最鲜明的精神标识！”[①]改革开放精神是对中华文明变革开放基因的传承创新，是马克思主义实事求是理论品格与改革开放实践相结合的必然产物，是反映改革开放伟大实践的思想精华的集中体现。[②] 从形成来看，改革开放精神主要是从40年改革开放的实践历程中产生出来的；从定位来看，改革开放精神丰富了民族精神的内涵；从历史意义来看，改革开放精神成为当代中国人民最鲜明的精神标识。从一定意义上说，伟大改革开放精神，就是当代中国共产党人的精神，就是当代中华民族的精神，就是当代中国人民的精神。改革开放精神是当代中国共产党人精神的结晶，是当代中华民族精神的升华，是当代中国人民精神的标识，为改革开放再出发注入强大的精神动力。[③]

改革开放精神是中国共产党在共同理想信念的基础上，在马克思主义中国化理论成果的指引下，在改革开放伟大实践过程中铸就的以科学理论为指导、以崇高信仰为灵魂、以广大人民为主体、以伟大实践为源泉的精神品格。[④] 作为民族精神的时代熔铸，改革开放精神蕴含着丰富深刻的内涵：革故鼎新、开拓创新的创新精神，是中华民族的精神特质，也是中国共产党的制胜法宝，更是改革开放巨大成就的动力来源；解放思想、实事求是、与时俱进的求实精神，是改革开放的指导思想，也是改革开放精神的核心，更是中国特色社会主义改革开放事业不断取得胜利的关键思想武器；披荆斩棘、

---

① 习近平：《在庆祝改革开放40周年大会上的讲话》，《人民日报》2018年12月19日。

② 吴潜涛、郭灏：《改革开放精神的本质属性及其弘扬》，《高校马克思主义理论教育研究》2020年第1期。

③ 韩庆祥：《论伟大改革开放精神》，《学习时报》2019年1月8日。

④ 张文娟、冯颜利：《改革开放精神的发生逻辑与时代特质》，《人民论坛》2021年第4期。

敢为人先的攻坚精神,是破坚冰、蹚新路,消除束缚生产力发展和人的发展的障碍弊端,直面难题、应对挑战的刚毅决心;脚踏实地,艰苦奋斗的务实精神,是中华民族砥砺奋进的实干精神,也是中国共产党与生俱来的精神特质;开放包容、兼收并蓄的开放精神,是与世界各国建立交流互鉴的国际关系、构建人类命运共同体的中国智慧。

“改革开放是决定当代中国命运的关键一招,也是决定实现‘两个100年’奋斗目标、实现中华民族伟大复兴的关键一招。”①新时代改革开放再出发,正如习近平总书记所指出的:“改革开放已走过千山万水,但仍需跋山涉水,摆在全党全国各族人民面前的使命更光荣、任务更艰巨、挑战更严峻、工作更伟大。”②改革开放精神是对国家富强、人民幸福坚定信念的价值凝聚,也是新时代持续推进改革开放的精神支柱,为坚定走中国特色社会主义道路汇聚信心,为实现中华民族伟大复兴积蓄力量。

4. 抗疫精神

新冠肺炎疫情暴发后,以习近平同志为核心的党中央审时度势、综合研判、果断出击,领导全国人民同舟共济、勇克时艰,以坚定果敢的勇气和坚忍不拔的决心,迅速打响了疫情防控的人民战争、总体战、阻击战,坚决遏制住了疫情蔓延的势头,夺取了中国疫情防控工作的重大战略成果。在全国抗击新冠肺炎疫情表彰大会上,习近平总书记强调指出:“在这场同严重疫情的殊死较量中,中国人民和中华民族以敢于斗争、敢于胜利的大无畏气概,铸就了生命至上、举国同心、舍生忘死、尊重科学、命运与共的伟大抗疫精神。”③“生命至上”,集中体现了中国人民深厚的仁爱传统和中国共产党人以人民为中心的价值追求;“举国同心”,集中体现了中国人民万众一心、同甘共苦的团结伟力;“舍生忘死”,集中体现了中国人民敢于压倒一切困难而不被任何困难压倒的顽强意志;“尊重科学”,集中体现了中国人民求真务实、开拓创新的实践品格;“命运与共”,集中体现了中国人民和衷共济、爱好和

① 习近平:《增强改革的系统性整体性协同性 做到改革不停顿开放不止步》,《人民日报》2012年12月12日。

② 习近平:《在庆祝改革开放40周年大会上的讲话》,《人民日报》2018年12月19日。

③ 习近平:《在全国抗击新冠肺炎疫情表彰大会上的讲话》,《人民日报》2020年9月9日。

平的道义担当。

人无精神则不立，国无精神则不强。唯有精神上站得住、站得稳，一个民族才能在历史洪流中屹立不倒、挺立潮头。我国经历的抗疫大考是一场艰苦卓绝的人民战争，从中孕育、诞生的抗疫精神是万众一心、同舟共济的守望相助精神，是闻令而动、雷厉风行的英勇战斗精神，是顾全大局、壮士断腕的“一盘棋”精神，是舍生忘死、逆行而上的英雄主义精神，是充满信心、敢于胜利的积极乐观精神[①]，丰富了中国共产党的精神谱系，凝聚起了中华民族伟大复兴强大的精神力量。

历史是最好的注解，现实是有力的印证。中国的疫情防控，既保护了中国人民的生命安全和身体健康，也维护了世界公共卫生安全，并为全球公共卫生事业贡献了中国力量和中国智慧。其中，党的集中统一领导是政治保证，人民群众的积极响应是根本动力，坚持集中力量办大事是制度优势，人类命运共同体理念提供强大合力，伟大抗疫精神是精神支撑。[②] 抗疫规模史无前例，抗疫速度史无前例。我国的抗疫行动充分证明了中国特色社会主义政治制度的显著优势和治理效能，是“马克思主义为什么行”“中国共产党为什么能”“中国特色社会主义为什么好”的有力确证。

三、社会主义先进文化是中国特色社会主义制度优势的深厚支撑

党的十九届四中全会指出：“发展社会主义先进文化、广泛凝聚人民精神力量，是国家治理体系和治理能力现代化的深厚支撑。”[③]在当代中国，发展社会主义先进文化就是以马克思主义为指导，坚守中华文化立场，立足当代中国现实，发展面向现代化、面向世界、面向未来的，民族的科学的大众的

① 徐文秀：《“抗疫精神”弥足珍贵》，《学习时报》2020 年 3 月 4 日。

② 赵祝涛、高正礼：《抗击新冠肺炎疫情 夺取重大战略成果的“中国密码”》，《理论建设》2021 年第 4 期。

③ 《中共中央关于坚持和完善中国特色社会主义制度 推进国家治理体系和治理能力现代化若干重大问题的决定》，人民出版社 2019 年版，第 22 页。

社会主义文化，广泛凝聚中华儿女的向心力和创造力，为中国特色社会主义制度的创造性发展提供最深厚、最深远的影响与动力。

（一）社会主义先进文化的基本原则

马克思主义唯物史观告诉我们，有什么样的社会存在，就会有什么样的社会意识。文化作为观念形态的存在根本上源于社会存在，是一定社会的经济、政治的集中反映。先进文化是特定历史时期适应先进生产力发展要求、代表最广大人民的根本利益、代表社会文化发展根本方向的文化。社会主义先进文化是在中国人民进行社会主义建设和改革的伟大实践中形成的文化形态，承载着国家繁荣富强、人民共同富裕的历史使命，反映了我国社会主义制度的本质属性，决定了当代中国文化的根本性质和本质特征。

1. 坚持马克思主义指导

先进文化本质上就是以马克思主义为指导的社会主义文化。“坚持以马克思主义为指导，是近代以来我国发展历程赋予的规定性和必然性”①，是我们做好社会主义先进文化各项工作的思想根基。坚持马克思主义在意识形态领域指导地位的根本制度，是社会主义先进文化区别于其他国家民族文化的根本所在，是社会主义意识形态的质的规定性，诠释了中国特色社会主义文化的文化发展方向性问题、文化发展先进性问题以及最根本的谋求发展的问题，必须旗帜鲜明、毫不动摇地进行坚持。

马克思主义立足于人类解放的价值追求，致力于以科学的世界观和方法论改造世界，揭示了人类社会发展的一般规律，为社会发展指明了正确方向，是坚持维护和发展最广大人民的根本利益、推动人类社会进步和指引人们创造美好生活的科学理论。“坚持马克思主义，最重要的是坚持马克思主义基本原理和贯穿其中的立场、观点、方法。”②坚持以马克思主义为指导，从根本上说，就是坚持马克思主义的人民立场、马克思主义的世界观和方法论及基本观点，这才是马克思主义的精髓和活的灵魂。正如习近平总书记所

---

① 习近平：《在哲学社会科学工作座谈会上的讲话》，《人民日报》2016 年 5 月 18 日。

② 习近平：《在哲学社会科学工作座谈会上的讲话》，《人民日报》2016 年 5 月 18 日。

说，在人类思想史上，就科学性、真理性、影响力、传播面而言，没有一种思想理论能达到马克思主义的高度，也没有一种学说能像马克思主义那样对世界产生了如此巨大的影响。中国共产党的创建与发展，首先是与马克思主义紧紧地联系在一起的。[①] 在党的十九届四中全会上，习近平总书记强调指出，发展社会主义先进文化，要坚持马克思主义在意识形态领域指导地位的根本制度，坚持以社会主义核心价值观引领文化建设制度，广泛凝聚人民精神力量，激发全民族文化创造活力，更好构筑中国精神、中国价值、中国力量。

2. 坚持“三个面向”

1983 年，邓小平同志在为北京景山学校题词时提出了“教育要面向现代化，面向世界，面向未来”[②]的命题，为我国教育事业的发展指明了方向，更指出了新时期社会主义文化建设的新格局。

“三个面向”是一个相互联系的有机整体，三者相互渗透、相互促进。其中，“面向现代化”是基础，是中国特色社会主义文化建设的现实和逻辑起点；“面向世界”是发展途径，只有开放性的文化才能更好地保持民族性，只有在开放中不断创新，才能增强社会主义先进文化的生命力；“面向未来”是方向，强调对社会主义文化发展趋势的把握。“面向现代化”，明确了社会主义先进文化建设要服务于经济建设这个中心工作，为巩固全民族团结奋斗实现富强、民主、文明、和谐、美丽的社会主义现代化大局提供健康的文化环境。邓小平同志指出：“我们干四个现代化，人们都说好，但有些人脑子里的四化同我们脑子里的四化不同。我们脑子里的四化是社会主义的四化。他们只讲四化，不讲社会主义。这就忘记了事物的本质，也就离开了中国的发展道路。”[③]因此，“社会主义”是当代中国文化发展道路的根本方向。“面向世界”，强调中国特色社会主义文化发展道路不能实行文化闭关主义，必须立足于社会主义现代化建设实践实行文化开放、文化包容，以海纳百川的开放胸襟学习借鉴古今中外人类社会创造的文化精华，实现社会主义文化的

① 路建平：《理论强党的百年启迪》，《红旗文稿》2021 年第 17 期，第 12—15 页。

② 《邓小平文选》（第三卷），人民出版社 1993 年版，第 35 页。

③ 《邓小平文选》（第三卷），人民出版社 1993 年版，第 204 页。

跨越式发展。邓小平同志明确指出，中国的发展离不开世界，“社会主义要赢得与资本主义相比较的优势，就必须大胆吸收和借鉴人类社会创造的一切文明成果”①。“面向未来”，指明中国特色社会主义文化要始终站在社会主义的原则立场上，准确把握时代脉搏，以马克思主义为指导，立足我国处于并将长期处于社会主义初级阶段的基本国情，在坚守理想信念的基础上勇于理论创新，以发展着的马克思主义来推动中国特色社会主义事业的伟大实践。“三个面向”，气魄宏伟，目光远大，表达了中国特色社会主义文化建设努力走向世界科学文化前沿和继承发扬人类一切优秀文化、汲取一切先进文明成果的决心。

3. 坚持民族性和大众化

深沉厚重的民族性是社会主义先进文化建设要坚持的本质特征。中国特色社会主义先进文化形成于中国人民的社会主义建设和改革开放事业的长期实践中，离不开对中华民族历史的认知和运用。中国人民的生活习惯、生存方式、劳动实践产生了符合我国社会需求的社会主义文化。2013 年 12 月，习近平总书记在纪念毛泽东同志诞辰 120 周年座谈会上曾指出，“站立在 960 万平方公里的广袤土地上，吸吮着中华民族漫长奋斗积累的文化养分，拥有 13 亿中国人民聚合的磅礴之力，我们走自己的路，具有无比广阔的舞台，具有无比深厚的历史底蕴，具有无比强大的前进定力”②。建设有中国特色的社会主义先进文化，需要将马克思主义基本原理与中国革命和建设相结合，与中国历史和文化相结合；只有明晰地继承过去才能更好地创造未来，只有接续民族传承才能激活中华优秀传统文化的深厚底蕴，“只有坚持从历史走向未来，从延续民族文化血脉中开拓前进，我们才能做好今天的事业”③。

社会主义先进文化具有大众性，但社会主义先进文化与大众文化不可

① 《邓小平文选》（第三卷），人民出版社 1993 年版，第 373 页。

② 习近平：《在纪念毛泽东同志诞辰 120 周年座谈会上的讲话》，《人民日报》2013 年 12 月 27 日。

③ 习近平：《在纪念孔子诞辰 2565 周年国际学术研讨会上的讲话》，《人民日报》2014 年 9 月 24 日。

以画等号。大众文化是一种特定的文化概念，是具体的文化类型。而中国特色社会主义先进文化所具有的大众性是指其创造来源是人民大众，服务对象是人民大众。历史唯物主义原理告诉我们，人类社会的发展是一个以广大人民群众为主体的历史进程，人民群众是社会历史活动的主体，是社会物质财富与精神财富的创造者，是社会历史的创造者。因此，中国特色社会主义先进文化的建设要“为人民服务、为社会主义服务”，要以人民需求、人民共建、人民共享为价值尺度，满足人民群众对文化的需求，反映人民群众的呼声，并且能够引导人民群众主动参与社会主义事业的创造和实践。

（二）社会主义核心价值观是社会主义先进文化的精髓

对民族与国家而言，最持久、最深层的力量是全社会共同认可的核心价值观，因为它承载着一个民族、一个国家的精神追求，体现着一个社会评判是非曲直的价值标准。历史和现实都表明，核心价值观是一个国家的重要稳定器。构建具有强大感召力的核心价值观，关系社会和谐稳定，关系国家长治久安。习近平总书记强调：“任何一个社会都存在多种多样的价值观念和价值取向，要把全社会意志和力量凝聚起来，必须有一套与经济基础和政治制度相适应，并能形成广泛社会共识的核心价值观。否则，一个民族就没有赖以维系的精神纽带，一个国家就没有共同的思想道德基础。”①

党的十六届六中全会上，我们党鲜明地提出了要积极培育和践行社会主义核心价值观。这是保持党的先进性、巩固马克思主义指导地位、强化社会主义主流意识形态、引领社会思潮、应对西方价值观挑战的迫切需要，同时也是推进中国特色社会主义伟大事业的内在要求。社会主义核心价值观是社会主义制度在思想和精神层面的质的规定性，凝结着社会主义先进文化的精髓，是中国特色社会主义道路、理论体系和制度的价值表达，是实现中华民族伟大复兴的中国梦的价值引领。② 它直接反映着国家的核心竞争力、民族的凝聚力，为人们在社会生活中判断是非对错提供了价值准则，为

① 习近平：《论党的宣传思想工作》，中央文献出版社2020年版，第52页。
② 刘云山：《着力培育和践行社会主义核心价值观》，《求是》2014年第2期。

人们规范社会行为、促进凝聚共识、坚定理想信念、形成文化认同提供了精神支撑。党的十九届四中全会提出要坚持以社会主义核心价值观引领文化建设制度,明确了社会主义核心价值观对于培育和践行中国特色社会主义文化自信的灵魂地位,从根本上解答了制度保障的问题。

其中,“富强、民主、文明、和谐”回答了“建设什么样的国家”的战略问题,是从价值目标层面对社会主义核心价值观基本理念的凝练,在社会主义核心价值观中居于最高层次,对其他层次的价值理念具有统领作用。“富强”即国富民强,是社会主义现代化国家经济建设的应然状态,是中华民族梦寐以求的美好夙愿,也是国家繁荣昌盛、人民幸福安康的物质基础。“民主”是人类社会的美好诉求。我们追求的民主是人民民主,其实质和核心是人民当家作主。它是社会主义的生命,也是创造人民美好幸福生活的政治保障。“文明”是社会进步的重要标志,也是社会主义现代化国家的重要特征。它是社会主义现代化国家文化建设的应有状态,是对面向现代化、面向世界、面向未来的,民族的科学的大众的社会主义文化的概括,是实现中华民族伟大复兴的重要支撑。“和谐”是中国传统文化的基本理念,集中体现了学有所教、劳有所得、病有所医、老有所养、住有所居的生动局面。它是社会主义现代化国家在社会建设领域的价值诉求,是经济社会和谐稳定、持续健康发展的重要保证。

“自由、平等、公正、法治”回答了“建设什么样的社会”的关键问题,是从社会层面对社会主义核心价值观基本理念的凝练。它反映了中国特色社会主义的基本属性,是我们党矢志不渝、长期实践的核心价值理念。“自由”是指人的意志自由、存在和发展的自由,是人类社会的美好向往,也是马克思主义追求的社会价值目标。“平等”指的是公民在法律面前的一律平等,其价值取向是不断实现实质平等。它要求尊重和保障人权,人人依法享有平等参与、平等发展的权利。“公正”即社会公平和正义,它以人的解放、人的自由平等权利的获得为前提,是国家政治文明应然的根本价值理念。“法治”是治国理政的基本方式,依法治国是社会主义民主政治的基本要求。通过加强法治建设来维护和保障公民的根本利益,是实现自由平等、公平正义的根本保证。

“爱国、敬业、诚信、友善”回答了“培育什么样的公民”的基础问题，是从个人行为层面对社会主义核心价值观基本理念的凝练。它覆盖社会道德生活的各个领域，是公民必须恪守的基本道德准则，也是评价公民道德行为选择的基本价值标准。“爱国”是基于个人对自己祖国依赖关系的深厚情感，也是调节个人与祖国关系的行为准则。它同社会主义紧密结合在一起，要求人们以振兴中华为己任，促进民族团结，维护祖国统一，自觉报效祖国。“敬业”是对公民职业行为准则的价值评价，要求公民忠于职守，克己奉公，服务人民，服务社会，充分体现了社会主义职业精神。“诚信”即诚实守信，是人类社会千百年传承下来的道德传统，也是社会主义道德建设的重点内容，它强调诚实劳动、信守承诺、诚恳待人。“友善”强调公民之间应互相尊重、互相关心、互相帮助，和睦友好，努力形成社会主义的新型人际关系。

新时代，世界不同文化之间、不同社会意识形态之间、不同社会思潮之间的矛盾与冲突，实则是其代表的核心价值观之间的竞争与交锋。社会主义核心价值观是中国特色社会主义道路的本质体现，是中国特色社会主义制度对未来社会的承诺，是对中国历史方向的基本定位，是调整人与社会之间关系的行为准则和伦理规范。① 在巩固民族共同价值、筑牢全体人民思想根基方面，社会主义核心价值观发挥着固本培元、立根铸魂的奠基作用；在实现“两个一百年”奋斗目标、达成中国梦的伟大实践方面，社会主义核心价值观发挥着凝心聚力、精神引领的重大作用。把社会主义核心价值观融入社会政治生活的方方面面，对于构筑中国精神、中国价值和中国力量具有强大的精神指引作用，有助于持续彰显中国特色社会主义制度的生命力与感召力，有助于中国特色社会主义事业行稳致远。

① 韩震：《核心价值观强基固本》，《北京日报》2019 年 9 月 30 日。

第六章　完善中国特色社会主义制度优势,推进国家治理体系和治理能力现代化

社会总是在不断发展的,实践总是不断深入的,制度优势也必然随之发展和完善,不可能一步到位、一劳永逸。习近平总书记强调,中国特色社会主义制度是特色鲜明、富有效率的,但还不是尽善尽美、成熟定型的。立足新时代,研究中国特色社会主义制度优势,把中国之“制”变为中国之“治”,充分发挥制度优势,推进国家治理体系和治理能力现代化,对实现强国梦具有重要意义。完善中国特色社会主义制度优势,需要从坚持党的集中统一领导,坚持尊重和维护人民主体地位,坚持把国家和社会治理纳入法治轨道,坚持在改革中不断创新、发展和完善,坚持充分传承中华文明和吸纳人类文明成果五个方面来探讨。

一、坚持党的集中统一领导

坚持党的集中统一领导,既要从理论层面和现实层面把握其必要性,明确“为什么”的问题;又要从原则层面和路径层面把握其操作性,明确“怎么做”的问题。

(一)坚持党的集中统一领导的必要性

坚持党的集中统一领导,既是马克思主义党建理论的必然要求,也是中国特色社会主义制度优越性的突出体现,还是实现中华民族伟大复兴的迫切需要。

1. 马克思主义党建理论的必然要求

在马克思主义政党建设理论中，始终强调维护党中央权威和坚持党的集中统一领导。无产阶级政党不是“个人的偶然凑合”，而是一个严密的统一的组织，以完成自身的历史使命为目标，始终坚持正确政治领导，明确政治诉求，坚决以中央权威来发挥无产阶级的政治优势。因此，发展无产阶级政党、建立无产阶级政权必须要有一个坚强的领导核心。没有一个权威集团，政党就难以作为一个政治组织存在和发展，无产阶级就难以作为一个整体的阶级采取有力行动。

1850 年 3 月，马克思、恩格斯针对共产主义者同盟组织涣散的现象指出：工人阶级政党如果不与中央委员会加强联系，就会丧失“自己唯一巩固的支柱”。马克思、恩格斯在领导第一国际和第二国际的革命实践中，特别强调了无产阶级领袖权威和党的集中统一的极端重要性。第一国际建立后，马克思起草了《国际工人协会共同纲领》，文中除对无产阶级政党的组织形式、组织机构、职权范围等方面作出基本规定外，还特别强调在国际工人组织开展活动过程中坚持党的统一领导的重要作用。恩格斯在总结巴黎公社失败教训时强调：巴黎公社遭到灭亡，就是由于缺乏集中和权威。列宁在领导布尔什维克党的斗争实践中，也突出强调了党的集中统一领导对党实现意志高度统一的决定性作用。他在《我们运动的迫切任务》一文中指出：在历史上，任何一个阶级，如果不推举出自己的善于组织运动和领导运动的政治领袖和先进代表，就不可能取得统治地位。在《共产主义运动中的“左派”幼稚病》中，他说：在通常情况下，在多数场合，至少在现代的文明国家内，阶级是由政党来领导的；政党通常是由最有威信、最有影响、最有经验、被选出担任最重要职务而称为领袖的人们所组成的比较稳定的集团来主持的。这都是起码的常识。因此，他特别强调，共产党只有按照高度集中的方式组织起来，党才能履行自己的职责。俄国十月革命能够取得胜利，就因为有以列宁为代表的布尔什维克党的集中统一领导。可见，维护党的中央权威和坚持党的集中统一领导是马克思主义党建学说中的一个重要命题。

2. 中国特色社会主义制度优越性的突出体现

中国共产党的领导是中国特色社会主义最本质的特征，是中国特色社会主义制度的最大优势。在我国国家制度和国家治理体系十三个方面显著优势中，党的集中统一领导是第一大优势，具有统领地位，发挥纲举目张的作用。

中国是一个大国，中国共产党是一个大党。大党治理大国，首先需要一个有权威的党中央，其能够从全局角度观察问题，能够“一锤定音”作决策，而且一旦决策作出，中央和地方的各个部门就要坚决落实。否则就如习近平总书记所说：我们这么大一个党、这么大一个国家，如果没有党中央定于一尊的权威，党中央决定了的事都不去照办，还是各说各的话、各做各的事，那就什么事情也办不成了。在充分发扬民主的基础上进行集中，坚持党中央权威和集中统一领导，集中全党智慧，体现全党共同意志，是我们党的一大创举。

回顾历史，正是在党的集中统一领导下，我们实现了民族独立和人民解放，中国的命运真正掌握在中国人民自己的手里，为中华民族走向伟大复兴提供了基本条件；正是在党的集中统一领导下，我们建立了人民当家作主的社会主义制度，中国的社会生产力、中国人民的积极性得到空前解放，创造出世所罕见的经济快速发展奇迹；正是在党的集中统一领导下，中国实现了高度统一，全党全国各族人民能够围绕共同目标，调动各方面资源，全国一盘棋，上下一条心，集中力量办大事；正是在党的集中统一领导下，中国在发展经济的基础上不断提高人民物质文化生活水平，创造了世所罕见的社会长期稳定奇迹。70 多年来，中国能够历经风险挑战而持续发展壮大，从一个贫穷落后的国家发展成为一个经济总量稳居世界第二，经济实力、科技实力、国防实力、综合国力进入世界前列的大国，在实现快速发展的同时保持政治稳定，实现了活力与秩序、发展与稳定的平衡。事实充分证明，坚持党的集中统一领导是我国国家制度和国家治理体系的显著优势。

中国特色社会主义进入了新时代，要完善和发展中国特色社会主义制度，推进国家治理体系和治理能力现代化，必须把坚持党的集中统一领导放在首位，贯穿到治国理政的全部活动中，发挥出党的集中统一领导在国家长治久安中的“定海神针”作用。

3. 实现中华民族伟大复兴的迫切需要

实现中华民族伟大复兴是近代以来中国人民最伟大的梦想，也是中国共产党的初心和使命。100 多年来，中国共产党团结带领中国人民进行的一切奋斗、一切牺牲、一切创造，归结起来就是一个主题：实现中华民族伟大复兴。而没有中国共产党的领导，民族复兴必然是空想。从历史上看，自 1840 年鸦片战争中华民族逐渐走向衰落后，无数仁人志士为了实现民族独立、人民解放进行了各种各样的探索和尝试，但都以失败而告终。直到 1921 年中国共产党成立，在中国共产党的正确领导下，我国才一步步找到了实现中华民族伟大复兴中国梦的正确方向，取得了一个又一个伟大斗争的胜利，完成了救国、兴国和富国大业。今天我们踏上了全面建设社会主义现代化国家的新征程，在这一伟大征程中，我们面临着来自国际国内的严峻挑战。从国际形势看，当今世界正处于“百年未有之大变局”，国际形势复杂多变，全球政治经济发展的不稳定性和不确定性前所未有，意识形态领域斗争的多样性和尖锐性前所未有，全球性问题的广度和深度也前所未有。从国内形势看，我国经济正进入从高速度向高质量转型的攻关期，全面深化改革的难度和险度明显增加，同时，党内思想不纯、政治不纯、组织不纯、作风不纯等突出问题尚未得到根本解决，全党面临的“四大考验”和“四种危险”正以新的内容和形式呈现。能否将严峻挑战转化为发展机遇，成为摆在党和人民面前的重大课题。在这种情况下，更加需要在中国特色社会主义事业中继续坚持党的集中统一领导，不断加强党的集中统一领导地位，只有这样，才能在危机中育先机，于变局中开新局，推动中华民族早日实现民族复兴的强国梦。

（二）坚持党的集中统一领导的原则遵循

坚持党的集中统一领导，必须遵循一定的原则，具体而言，就是要坚持党对一切工作的领导、确立和维护党的领导核心、坚持加强党的集中统一领导与解决党内问题相统一。

1. 坚持党对一切工作的领导

“党政军民学，东西南北中，党是领导一切的。”这是党章明确的重大政治原则。中国共产党是中国的最高政治领导力量，党对中国特色社会主义事业的领导是全面的、系统的、整体的，体现在经济建设、政治建设、文化建设、社会建设、生态文明建设和国防军队、祖国统一、外交工作、党的建设等方面。哪个领域、哪个方面、哪个环节缺失弱化了,都会削弱党的力量,损害党和国家事业。坚持党对一切工作的领导,就要坚持辩证思维,发挥党总揽全局、协调各方的领导核心作用。总揽全局,集中体现在党把方向、谋大局、定政策、促改革上。在国家治理体系的大局中,党中央是坐镇中军帐的“帅”,车马炮各展其长,一盘棋大局分明。各个领域、各个方面都必须自觉坚持党的领导,突出党的领导核心地位,发挥好党的领导核心作用。协调各方,就是要在党的统一领导下发挥好各方面积极性,使各项工作在综合平衡中协调推进。这就要增强辩证思维,妥善处理好坚持党的全面领导和发挥各方面积极性的关系。比如,要处理好保证中央政令畅通与立足实际创造性开展工作的关系、集中统一领导和分工负责的关系、中央与地方的关系、坚持党的领导和尊重人民首创精神的关系等。在指导思想和路线方针政策以及关系全局的重大原则问题上,全党必须在思想上政治上行动上同党中央保持高度一致。同时要增强各方面工作的积极性和责任感,各地区各部门要敢于担当,主动作为,把该担的责担起来,把该抓的事抓到位。

2. 确立和维护党的领导核心

《中共中央关于加强党的政治建设的意见》明确指出,“坚决维护党中央权威和集中统一领导,最关键的是坚决维护习近平总书记党中央的核心、全党的核心地位”,阐明了维护党的领导核心与坚持党的集中统一领导之间的关系。确立和维护无产阶级政党的领导核心,是无产阶级政党走向成熟的重要标志,也是中国共产党历史经验的深刻总结。早在抗日战争时期,毛泽东同志就指出,要建立领导核心,反对“一国三公”。邓小平同志在党的八大上所作的《关于修改党的章程的报告》中也指出:“马克思主义在承认历史是人民群众所创造的时候,从来没有否认杰出的个人在历史上所起的作用”,“同样,马克思主义也从来没有否认领袖人物对于政党的作用”。他强调指出:党的领袖的“威信、影响和经验乃是党、阶级和人民的宝贵的财富”。遵义会议前后的历史就是极好的经典例证。遵义会议前,从陈独秀到王明,都没有形成领导核心,因而也没有形成一个成熟、稳定和有能力的党中央,致使革命事业屡遭挫折。遵义会议在最危急关头挽救了党、挽救了红军、挽救了中国革命，最根本的原因就在于它事实上确立了毛泽东同志在党中央和红军的领导地位，开始形成以毛泽东同志为核心的党的第一代中央领导集体，开启了党独立自主解决中国革命实际问题新阶段，实现了中国共产党和中国革命的一次伟大转折。党的十一届三中全会后，因为有邓小平同志作为第二代中央领导集体的核心，中国共产党才团结带领中国人民开辟了中国特色社会主义道路，取得改革开放和社会主义现代化建设的辉煌成就。党的十八大以来，党和国家事业之所以取得历史性成就、发生历史性变革，最根本的就是确立了习近平同志党中央的核心、全党的核心地位，确立了习近平新时代中国特色社会主义思想的指导地位，从而坚定维护了党中央权威和集中统一领导。

3. 坚持加强党的集中统一领导与解决党内问题相统一

习近平总书记在中央政治局第十五次集体学习时强调，要坚持加强党的集中统一领导和解决党内问题相统一。其一，解决党内问题是加强党的集中统一领导的必然要求。直面并不断解决党内问题，是我们党的卓越品格，也是加强党的集中统一领导的可靠支撑。从古田会议确立思想建党、政治建军原则，到遵义会议纠正王明“左”倾错误，延安整风反对主观主义、宗派主义、党八股，党的十一届三中全会恢复和确立实事求是的思想路线，特别是党的十八大以来的全面从严治党，坚决改变管党治党宽松软状况，党都在不断地从思想上、政治上、组织上、作风上、制度上解决党内存在的问题。危急关头的扭转乾坤、失误之后的拨乱反正、关键时刻的正本清源，使党的创造力凝聚力战斗力显著增强，充分彰显了解决党内问题对加强党的集中统一领导的重要作用。其二，加强党的集中统一领导和解决党内问题是有机统一、相辅相成的。加强党的集中统一领导，不断提高党的政治领导、思想领导、组织领导水平，为纠正“左”和右等错误倾向提供了根本引领和基础；解决党内问题，注重激浊扬清、革弊鼎新，为加强党的集中统一领导提供了重要保障和支撑。实践证明，加强党的集中统一领导，不能放松解决党内问题，否则党的领导就会虚化弱化、难以持久；解决党内问题，必须着眼加强党的集中统一领导，否则就会迷失方向、难有成效。只有二者有机结合，才能相互促进，产生管党治党的叠加效应。

（三）坚持党的集中统一领导的实现路径

坚持党的集中统一领导，要加强制度建设，完善坚定维护党中央权威和集中统一领导的各项制度；要坚持党要管党、全面从严治党，不断增强党的创造力、凝聚力、战斗力，确保党始终成为中国特色社会主义事业的坚强领导核心；还要深刻领悟“两个确立”的决定性意义，坚决做到“两个维护”。

1. 加强制度建设，完善坚定维护党中央权威和集中统一领导的各项制度

制度是坚持党的集中统一领导的根本保障。中国共产党早在建党初期，就把民主集中制作为党的根本组织原则，作出了全党服从中央的基本制度安排。抗日战争时期，党先后制定了《关于中央委员会工作规则与纪律的决定》等一系列制度文件，形成了坚持党中央集中统一领导的体制框架和基本格局。解放战争时期，党又制定了《关于健全党委制的决定》等文件，在全党全军普遍建立起向党中央请示报告的制度，有效加强了党中央集中统一领导。新中国成立后，党中央及时在中央政府机构设立党组和党委，建立起党对国家实施全面领导的体制机制。改革开放后，党不断加强和改善领导，明确提出维护党中央权威和集中统一领导问题，强调全党要在思想上政治上行动上同党中央保持高度一致。党的十八大以来，习近平总书记围绕坚持加强党的全面领导和党中央集中统一领导提出的一系列原创性新理念新思想新战略、作出的一系列重要制度安排，为加强党的制度建设提供了根本遵循。新时代完善坚定维护党中央权威和集中统一领导的各项制度，一要健全党中央对重大工作的领导体制，通过深化党和国家机构改革，进一步完善党中央对重大工作的领导体制，形成统一高效的领导体制，把党的全面领导贯彻落实到统筹推进“五位一体”总体布局、协调推进“四个全面”战略布局中，确保党中央对重大工作的领导。二要完善推动党中央重大决策落实机制，建立完善贯彻落实党中央决策部署的任务分工、督促检查、情况通报、监督问责等制度机制，完善定期就习近平总书记重要指示批示和党中央决策部署贯彻落实情况“回头看”和报告、通报制度等，切实解决贯彻落实中的困难和问题，确保党中央政令畅通、令行禁止。三要健全维护党的集中统一

的组织制度，党的力量来自组织，要明确各级党组织、党员领导干部的职责定位，注重党的组织体系建设，形成中央组织、地方组织、基层组织上下贯通、执行有力的严密体系，切实把党的领导落实到基层，确保全党团结统一、行动一致。

2. 坚持党要管党、全面从严治党

坚持党的集中统一领导，必须坚持党要管党、全面从严治党。全面从严治党，勇于自我革命，是我们党最鲜明的品格和独特优势。百年风雨兼程、百年大浪淘沙，中国共产党之所以能够从有 50 多名党员的政党发展为拥有 9800 多万名党员、壮大为领导着 14 亿多人口大国的世界第一大执政党，根本在于党始终能以强烈的历史主动推进自我革命，始终坚持真理、修正错误，自我净化、自我完善、自我革新、自我提高。全面从严治党是新时代党治国理政的一个鲜明特征。党的十八大以来，面对国内外环境的深刻变化，党坚持打铁必须自身硬，在决胜全面建成小康社会、决战脱贫攻坚、抗击突如其来的世纪疫情、应对中美战略博弈等大考中推进全面从严治党，不断推进党的自我革命，有力推动各级党委（党组）发挥领导核心作用、基层党组织发挥战斗堡垒作用、党员发挥先锋模范作用，把党的政治优势、组织优势和制度优势转化为无可比拟的制胜优势。实践证明，全面从严治党是实现中华民族伟大复兴的坚强政治引领和政治保障。新时代，全面从严治党，一要贯彻新时代党的建设总要求，深化党的建设制度改革，坚持依规治党，建立健全以党的政治建设为统领、全面推进党的各方面建设的体制机制。二要坚持新时代党的组织路线，健全党管干部、选贤任能制度。规范党内政治生活，严明政治纪律和政治规矩，发展积极健康的党内政治文化，全面净化党内政治生态。三要完善和落实全面从严治党责任制度。坚决同一切影响党的先进性、弱化党的纯洁性的问题作斗争，大力纠治形式主义、官僚主义，不断增强党的创造力、凝聚力、战斗力，确保党始终成为中国特色社会主义事业的坚强领导核心。

3. 深刻领悟“两个确立”的决定性意义，坚决做到“两个维护”

这是坚持党的集中统一领导的关键。办好中国的事情，关键在党，党的力量关键在核心。正像邓小平指出的：“任何一个领导集体都要有一个核心，没有核心的领导是靠不住的。”[①]没有核心，就谈不上党的集中统一领导。党的十八届六中全会明确习近平同志为党中央的核心、全党的核心。党的十九大把习近平新时代中国特色社会主义思想确立为党的指导思想并写入党章，十三届全国人大一次会议对宪法作出相应修改。党的十九届六中全会通过的《中共中央关于党的百年奋斗重大成就和历史经验的决议》强调：“党确立习近平同志党中央的核心、全党的核心地位，确立习近平新时代中国特色社会主义思想的指导地位，反映了全党全军全国各族人民共同心愿，对新时代党和国家事业发展、对推进中华民族伟大复兴历史进程具有决定性意义。”“两个确立”是深刻总结党的百年奋斗、党的十八大以来伟大实践得出的重大历史结论。“两个确立”是互相联系的，也是实践的、具体的。踏上实现第二个百年奋斗目标新的赶考之路，我们要深刻领悟“两个确立”的决定性意义，坚持和捍卫“两个确立”，不断增强“四个意识”、坚定“四个自信”、做到“两个维护”。一要完善落实“两个维护”的制度，把“两个维护”体现在各项制度规定中，贯彻到党和国家工作的全过程各方面，落实到各级党组织和广大党员的行动上。二要自觉同以习近平同志为核心的党中央保持高度一致，不断增强政治意识、大局意识、核心意识、看齐意识，自觉向党中央看齐，向习近平总书记看齐，向党的基本理论、基本路线、基本方略看齐，把“四个意识”落实到一言一行上、体现到本职工作中，不断增强维护习近平同志党中央的核心、全党的核心的思想自觉、政治自觉、行动自觉。三要毫不动摇地把习近平新时代中国特色社会主义思想作为根本工作遵循。习近平新时代中国特色社会主义思想根植于中国大地、反映人民意愿、适应新的时代特征和中国发展进步的要求，是来自中国特色社会主义的实践，经过中国特色社会主义实践检验，指导中国特色社会主义的强大思想武器。习近平新时代中国特色社会主义思想承载着党的初心和使命，既是新时代党和国家取得举世瞩目历史性成就的思想指南，为党获得源源不断的群众支持奠定了思想基础，也是继续开创新的未来，应对新时代赶考路上的重大挑战、抵御重大风险、克服重大阻力、解决重大矛盾的理论指导和行动指南，为

---

① 《邓小平文选》（第三卷），人民出版社 1993 年版，第 310 页。

党更好地服务群众、实现群众利益提供根本工作遵循。只有毫不动摇地坚持习近平新时代中国特色社会主义思想的指导地位,才能为坚定做到“两个维护”提供深厚的群众沃土,才能在全社会共同做到“两个维护”。

二、坚持尊重和维护人民主体地位

坚持尊重和维护人民主体地位,既要从理论层面和现实层面把握其必要性,明确“为什么”的问题;又要从原则层面和路径层面把握其操作性,明确“怎么做”的问题。

(一)坚持尊重和维护人民主体地位的必要性

坚持尊重和维护人民主体地位,既是马克思主义的基本原则,也是中国共产党领导革命、建设和改革不断取得胜利的基本经验,还是我国社会主义国家性质的根本要求、坚持和发展中国特色社会主义总任务的根本保证。

1. 马克思主义的基本原则

首先,坚持人民主体地位是马克思主义科学实践观的必然要求。实践是指主体能动地改造客体的物质活动,是人所特有的存在方式。实践观点是马克思主义哲学的核心观点。马克思主义认为,人是实践活动的主体,可以设定实践的目标、使用实践的工具、改造实践的对象、达成实践的目的。当然,在人类历史发展中,人的主体地位并不是通过单个的人的实践活动体现出来的,而是通过无数个体的实践活动的集合体现出来。正如马克思、恩格斯指出的,“历史活动是群众的活动,随着历史活动的深入,必将是群众队伍的扩大”①。体现历史发展规律和趋势、决定历史发展方向和进程的,正是人民群众的实践活动,而不是某一个人的活动。因此,人民的实践主体地位也就决定了人民的主体地位。其次,坚持人民主体地位是马克思主义唯物史观的题中应有之义。唯物史观认为,生产力与生产关系的矛盾这一人类社会的基本矛盾中,生产力与生产关系既相互作用又相互制约,它们的矛盾

① 《马克思恩格斯文集》(第一卷),人民出版社2009年版,第287页。

运动推动和支配着整个人类社会的发展，其中起决定作用的是生产力。而在生产力系统中，起决定作用的则是唯一活的要素——劳动者，也就是广大劳动群众。因此，生产力的决定作用实际上是通过人民群众的历史创造活动来实现的，这就从根本上确立了人民群众在历史发展中的主体地位和决定作用，人民群众才是历史的创造者，是推动历史发展的决定性力量，正如毛泽东所说："人民，只有人民，才是创造世界历史的动力。"①最后，坚持人民主体地位是整个马克思主义理论的根本价值追求。马克思、恩格斯早在《共产党宣言》中已阐明了这一点，指出，"过去的一切运动都是少数人的，或者为少数人谋利益的运动。无产阶级的运动是绝大多数人的，为绝大多数人谋利益的独立运动"②，"代替那存在着阶级和阶级对立的资产阶级旧社会的，将是这样一个联合体，在那里，每个人的自由发展是一切人的自由发展的条件"③。马克思主义就是为人类求解放的理论，无产阶级领导的社会主义运动的根本价值追求就是"每个人"和"一切人"都自由全面发展。中国共产党所领导的革命、建设、改革事业，其根本目的就是更好维护和实现人民的利益。因此，坚持人民主体地位是马克思主义的根本原则。

2. 党领导革命、建设和改革不断取得胜利的基本经验

回望中国共产党的发展史，坚持人民主体地位，密切联系人民、紧紧依靠人民是中国共产党取得成功和永葆先进性的重要法宝。土地革命战争时期，百万工农群众跟着中国共产党打土豪、分田地、闹革命；全民族抗日战争时期，男女老少齐上阵，在中国共产党领导下，使日本侵略者陷入人民战争的汪洋大海，最终取得了抗战的全面胜利；解放战争时期，老百姓硬是用小车推出了淮海战役的胜利。中华人民共和国成立以后，广大人民发挥了极大的创造精神，完成社会主义改造，建立了社会主义制度，干出了我国社会主义建设的巨大成就，改变了一穷二白的国家面貌，为改革开放的高速发展奠定了根本政治前提和制度基础。改革开放后，我们党坚持尊重人民改革实践的主体地位，鼓励、带领人民群众进行一系列改革创新，探索了中国特

① 《毛泽东选集》(第三卷)，人民出版社 1991 年版，第 1031 页。
② 《马克思恩格斯文集》(第二卷)，人民出版社 2009 年版，第 42 页。
③ 《马克思恩格斯文集》(第二卷)，人民出版社 2009 年版，第 53 页。

色社会主义的正确道路，极大地解放和发展了生产力，人民生活发生质的变化，社会发展取得长足进步，为实现中华民族伟大复兴提供了充满新活力的体制保证和快速发展的物质条件。在中国特色社会主义新时代，我们党始终坚持人民立场是中国共产党的根本政治立场，习近平总书记强调指出："江山就是人民、人民就是江山，打江山、守江山，守的是人民的心。中国共产党根基在人民、血脉在人民、力量在人民。"[①]党的十八大以来的十年中，党坚持一切为了人民，一切依靠人民，坚持为人民执政、靠人民执政，在以习近平同志为核心的党中央领导下，采取一系列战略性举措，推进一系列变革性实践，实现一系列突破性进展，取得一系列标志性成果，经受住了来自政治、经济、意识形态、自然界等方面的风险挑战考验，党和国家事业取得历史性成就、发生历史性变革，推动我国迈上全面建设社会主义现代化国家新征程。因此，党的十九届六中全会通过的《中共中央关于党的百年奋斗重大成就和历史经验的决议》，就把坚持人民至上作为党百年奋斗的历史经验。

3. 我国社会主义国家性质的根本要求

坚持人民主体地位是我国社会主义国家性质的必然要求，正如习近平总书记指出的："我们国家的名称，我们各级国家机关的名称，都冠以'人民'的称号，这是我国社会主义国家政权的基本定位。"[②]我国是无产阶级领导的人民民主专政的社会主义国家，让人民当家作主，由人民掌握政权，是我国社会主义政治制度的根本特征。代表人民，服务人民，为人民谋幸福，是我们党革命、建设和改革的初心和使命。我们党早期制定的《中华苏维埃共和国宪法大纲》就规定："中国苏维埃政权所建设的是工人和农民的民主专政的国家。苏维埃全政权是属于工人，农民，红军兵士及一切劳苦民众的。在苏维埃政权下，所有工人，农民，红军兵士及一切劳苦民众都有权选派代表掌握政权的管理。"[③]1948 年毛泽东又明确提出新生人民政权必须冠以"人

① 《习近平谈治国理政》（第四卷），外文出版社 2022 年版，第 9 页。

② 习近平：《坚持、完善和发展中国特色社会主义国家制度与法律制度》，《求是》2019 年第 23 期。

③ 《中共中央文件选集》（1931），中共中央党校出版社 1991 年版，第 772—773 页。

民”称号：“法院叫人民法院，军队叫人民解放军，以示和蒋介石政权不同。”①因此，我国的社会主义制度体系就是以人民为权力本源进行设计的，并从内容和形式上都体现出人民作为我国权力主体的基本定位。我国宪法规定：“中华人民共和国的一切权力属于人民”，“人民依照法律规定，通过各种途径和形式，管理国家事务，管理经济和文化事业，管理社会事务”。同时宪法还对人民作为国家主人和权力主体行使权力作了具体规定，确保人民拥有广泛参与国家选举、决策、管理、监督全过程的权利。随着全面依法治国进程的不断推进，人民主体地位也将进一步加强。

4. 坚持和发展中国特色社会主义总任务的根本保证

坚持和发展中国特色社会主义，总任务是实现社会主义现代化和中华民族伟大复兴。当前，我国已迈上全面建设社会主义现代化国家的新征程，发展不平衡不充分问题仍然突出，推进高质量发展还有许多卡点瓶颈，重点领域改革还有不少硬骨头要啃，意识形态领域存在不少挑战，城乡区域发展和收入分配差距仍然较大，生态环境保护任务依然艰巨，铲除腐败滋生土壤任务依然艰巨，等等。清除前进道路上的各种“拦路虎”“绊脚石”，都要依赖人民群众的创造性实践和团结奋斗。正如习近平总书记深刻指出的，“改革开放在认识和实践上的每一次突破和发展，改革开放中每一个新生事物的产生和发展，改革开放每一个方面经验的创造和积累，无不来自亿万人民的实践和智慧”②。我们党只有始终坚持人民主体地位，发挥人民的创造精神，才能有效应对各种风险和挑战，只有毫不动摇地尊重和维护人民主体地位，始终做到发展为了人民、发展依靠人民、发展成果由人民共享，才能顺利实现社会主义现代化和中华民族伟大复兴。

（二）坚持尊重和维护人民主体地位的原则遵循

坚持尊重和维护人民主体地位，必须遵循一定的原则，具体而言，主要包括：坚持人民主体地位与坚持党的领导相统一，坚持人民主体地位与坚持

① 《毛泽东文集》（第五卷），人民出版社1996年版，第135—136页。
② 《习近平谈治国理政》，外文出版社2014年版，第68页。

依法治国相统一，坚持人民主体地位与坚持党的群众路线相统一。

1. 坚持人民主体地位与坚持党的领导相统一

人民主体地位与党的领导是辩证统一的，人民的诉求与党的目标辩证统一于实现中华民族伟大复兴的事业和实践之中。人民主体地位强调人民群众在中国特色社会主义事业中的主体力量地位，揭示了人民与中国共产党之间内在的、必然的联系。从人民与党的关系来看，中国共产党是植根于人民并始终是为人民服务的，党执政的根基在人民，血脉在人民。党与其他领导体系的本质性差异也体现在党同人民群众的密切关联上，即作为人民的发言人代民执政，充分尊重人民的主体地位，获得人民群众的拥护和支持，以此巩固党的执政地位，从而领导人民更好地发挥主体力量、实现党的工作愿景。党的领导强调中国共产党是中国特色社会主义事业的领导核心，坚持党的领导是社会主义事业取得成功的必由之路。中国共产党必须不断加强和改善党的领导，坚持全心全意为人民服务，坚持从群众中来、到群众中去的根本作风和方法，想人民之所想、急人民之所急，才能获得人民的衷心拥护和支持，发挥领导核心作用，为新时代中国特色社会主义事业提供根本的政治、思想、组织保证。人民群众是党的智慧根基、力量源泉和胜利之本，党的领导是人民诉求得以满足、根本利益得以实现的根本保证。在新时代中国特色社会主义事业中，尊重和维护人民主体地位与坚持党的集中统一领导，缺一不可、相辅相成，只有两者有机结合，才能顺利实现中华民族伟大复兴。

2. 坚持人民主体地位与坚持依法治国相统一

人民主体地位作为中国共产党不懈追求的政治理想，与依法治国基本方略是相互依存、相互作用、辩证统一的，体现的是政治与法治之间的关系。即所有法治都是政治的集中代表，完全脱离政治的法治是不存在的，每一种法治形态背后都有一套政治理论，每一种法治模式当中都有一种政治逻辑，每一条法治道路底下都有一种政治立场。对于我国来说，依法治国是人民当家作主的重要保障，人民是依法治国建设中的主体，尊重和维护人民主体地位，必须与依法治国相统一。人民在依法治国建设中的主体地位主要包含两个层面：一方面，人民是推进依法治国的建设主体，依法治国战略的推进离不开广大人民的参与和支持。在法律规定层面，我国宪法明确规定“中华人民共和国的一切权力属于人民”，并规定了一系列人民的权利。在法治建设层面，体现为人民通过推选各级人大代表，由人大代表在相应人民代表大会审议、决议各类法律法规。在社会实践层面，人民是社会实践的主体，法治建设作为社会实践的重要部分，广大人民群众自然是法治建设的根本动力和智慧源泉。法治建设离开了人民这个主体，就与中国特色社会主义政治信念背道而驰，必然导致法治建设的失败。另一方面，人民是推进依法治国建设的价值主体，即推动依法治国建设的政治起点和终极目标都是为了维护广大人民群众的根本利益，为了维护人民主体地位。我国宪法、法律，甚至整个社会主义法治体系赋予人民的广泛权利和自由，本质就是要保障人民的主体地位、实现人民的根本利益。只有如此，法治建设才能得到人民群众的理解、支持和拥护。同时，人民满意与否是评价依法治国方略成败的重要标准。法律的权威源于人民群众对法律的认可和遵守，只有法律代表和维护了人民群众的权利，人民才会选择认可、执行、遵守，相应的，人民不会遵守自己不认可的法律，所谓的法律也就变成一纸空文。依法治国方略的推进关系到新时代中国特色社会主义建设的全局，而检验法治建设成效的标准则是人民对立法、执法、司法全程的认可和遵守程度。

3. 坚持人民主体地位与坚持党的群众路线相统一

坚持人民主体地位，充分发挥人民群众的历史主体作用，这就需要通过贯彻党的群众路线来实现。党的群众路线，即：一切为了群众、一切依靠群众，从群众中来、到群众中去，把党的正确主张变为群众的自觉行动。这是我们党的生命线和根本工作路线。习近平总书记指出，“群众路线本质上体现的是马克思主义关于人民群众是历史的创造者这一基本原理”①，深刻揭示了坚持人民主体地位与贯彻党的群众路线的高度统一。群众路线是人民主体地位的实践转化，是人民主体地位实现的主要方式。在我们国家，党是执政力量，代表人民群众进行执政，如果党没有将人民群众放在主体地位，无

① 习近平：《在纪念毛泽东同志诞辰120周年座谈会上的讲话》，《人民日报》2013年12月27日。

法为人民谋福利，党的执政基础就会坍塌。而坚持人民主体地位最重要的是心系人民，想群众所想，谋群众所需，党的群众路线正是其最好的体现。坚持党的群众路线，就要求我们要牢固树立全心全意为人民服务的宗旨意识，始终把人民利益放在第一位，把实现好、维护好、发展好最广大人民根本利益作为一切工作的出发点和落脚点，要牢固树立人民群众是历史创造者的观点，端正对群众的态度，增进对群众的感情。只有站稳群众立场，永远保持同人民群众的血肉联系，人民群众认识世界和改造世界的主体作用才能充分发挥出来。

（三）坚持人民主体地位的实践路径

人民主体地位，不仅是一个执政理念，更是一项发展国策，既要体现在让全体人民共享改革开放发展成果的战略共识中，也要落实在全体人民满足日益增长的政治、经济、文化、社会、生态等需求的具体举措中，正像习近平总书记指出的："以人民为中心的发展思想，不是一个抽象的、玄奥的概念，不能只停留在口头上、止步于思想环节，而要体现在经济社会发展各个环节。"①进入新时代，要从确保人民价值主体地位，夯实人民的权力主体地位、筑牢人民的创造主体地位、保障人民的共享主体地位、落实人民的评价主体地位等多个维度，努力落实坚持人民主体地位的实践要求。

1. 牢记初心使命，确保人民的价值主体地位

"为中国人民谋幸福，为中华民族谋复兴"是中国共产党的初心使命，这一初心立场、使命宗旨，从出发点上和目标归宿上深刻地回答了中国共产党干事创业"为了谁"的问题，是人民主体地位在价值追求上的根本体现。要确保人民价值主体地位，就要切实维护人民的现实利益。人民的价值主体地位要通过经济、政治、文化和社会等具体的方面体现出来。"人们奋斗所争取的一切，都与他们的利益有关。"②在改革深化使利益关系进入深层次调整的背景下，必须把解决人民的现实利益问题上升到关系中国特色社会主

① 《习近平著作选读》（第一卷），人民出版社 2023 年版，第 438 页。

② 《马克思恩格斯全集》（第一卷），人民出版社 2001 年版，第 82 页。

义发展的高度，让最广大人民能够共享改革发展的成果。为此，一是要坚持发展成果由人民共享。要不断提高人民生活质量和健康水平，提高人民思想道德和科学文化素质，保障人民享有各方面权益；维护社会公平正义，逐步建立包括权利公平、机会公平、规则公平的公平体系。二是要从维护人民的根本利益出发，倾听人民呼声，回应人民期待，想人民之所想，急人民之所急，解人民之所需。抓住人民最关心最直接最现实的利益问题，解决好住房、教育、医疗、就业、收入分配、社会保障等民生问题，在发展中保障和改善民生。三是要以人民是否真正得到了实惠，人民生活是否真正得到了改善，人民权益是否真正得到了保障，作为检验工作成效的最终标准。树立正确的政绩观，不搞劳民伤财的“政绩工程”和“形象工程”，真正做到为人民谋利益。

2. 健全人民当家作主的制度体系，夯实人民的权力主体地位

人民主权具有一定的抽象性，抽象主权容易被虚化，因此要通过健全人民当家作主制度体系，来夯实人民的权力主体地位。夯实人民的权力主体地位，要完善实现人民权力主体地位的体制机制，主要包括：一是完善人民代表大会制度。人民代表大会制度是我国的政体，是人民当家作主的最高实现形式，为人民权力主体地位提供了根本制度保障。要支持人民代表大会依法履行职能，加强人大常委会的制度建设，保证人民通过人民代表大会行使国家权力。二是健全社会主义协商民主。协商民主是通过国家政权机关、政协组织、党派团体等渠道，就经济社会发展重大问题和涉及人民切身利益的实际问题广泛协商，广纳群言、广集民智，增进共识、增强合力。要支持人民政协履行职能，推进政治协商、民主监督和参政议政，把政治协商纳入决策程序，扩大人民的政治参与。三是完善基层民主制度。要推进基层民主，拓宽民主渠道，确保人民进行民主选举、决策、管理和监督，保障人民的知情权、参与权、表达权、监督权。四是健全权力监督体系。坚持用制度管权管事管人，把权力关进制度的“笼子”，建立结构合理、配置科学、程序严密、制约有效的权力运行机制，让权力从决策到执行各个环节都能接受有效监督。

3. 尊重人民的首创精神，筑牢人民的创造主体地位

人民是历史的创造者，是推动我国经济社会发展的基本力量和基本依

靠，是中国特色社会主义最主要的创新主体。要依靠人民续写中国特色社会主义的辉煌篇章，要尊重人民群众的首创精神，最大限度地激发人民的创造热情。一是要拜人民为师。坚持问政于民、问计于民。毛泽东同志曾指出："群众有伟大的创造力。中国人民中间，实在有成千成万的'诸葛亮'，每个乡村，每个市镇，都有那里的'诸葛亮'。我们应该走到群众中间去，向群众学习。"①因此，要把人民当先生来请教，虚心向人民学习，不断从人民群众的实践中汲取政治智慧，特别是在"互联网＋"时代，要通过各种媒介平台，综合利用各种先进手段，广泛集中民智，提升国家治理体系和治理能力的现代化。二要汲取人民的实践经验。人民的实践经验是推进中国特色社会主义事业的动力源泉。人民是生产力发展和变革的主导力量，人民的智慧和创造力是无穷的。必须尊重人民的首创精神，善于挖掘人民的智慧和创造力。为此，要使党和政府的改革举措从人民的创造性实践中汲取营养。要坚持从群众中来到群众中去的领导决策方法，深入基层调查研究，联系人民群众。要坚持大众创业、万众创新，发挥人民的主人翁精神。

4. 推进共同富裕，保障人民的共享主体地位

坚持人民主体地位，既要体现为为了人民、依靠人民，更要体现为发展成果惠及人民，推进共同富裕，保障人民的共享主体地位。共同富裕是社会主义的本质要求，是全面建成社会主义现代化强国的基本目标，是中国式现代化的重要特征。以习近平同志为核心的党中央综合分析国际国内形势和我国发展条件，对全面建成社会主义现代化强国和实现全体人民共同富裕作出了系统筹划和战略安排：到"十四五"末，全体人民共同富裕迈出坚实步伐；到2035年，基本实现社会主义现代化，全体人民共同富裕取得更为明显的实质性进展；到本世纪中叶，全面建成社会主义现代化强国，全体人民共同富裕基本实现。现在我们已经到了扎实推动共同富裕的历史阶段，在全面建设社会主义现代化国家新征程上，必须把促进全体人民共同富裕摆在更加重要的位置。一要实现高质量发展，通过高质量发展把"蛋糕"做大做好。二要不断完善分配制度，做好初次分配、再分配、三次分配协调配套的

① 《毛泽东选集》（第三卷），人民出版社1991年版，第933页。

基础性制度安排,扩大中等收入群体比重。三要坚持“两个毫不动摇”,发挥好公有制经济在高质量发展与促进共同富裕中的主体作用,支持和鼓励民营经济发挥创造财富、提供就业、推动创新方面的积极作用。四要推进基本公共服务均等化。统筹需要和可能,把保障和改善民生建立在经济发展和财力可持续的基础之上。

5. 尊重人民的主人翁意识,落实人民的评价主体地位

马克思主义肯定人民是创造历史的主要动力,也肯定人民是历史的见证者和评判者。列宁指出:“只有当群众知道一切,能判断一切,并自觉地从事一切的时候,国家才有力量。”①人民是党的工作的最高裁决者和最终评判者。邓小平同志反复强调,要把“人民拥护不拥护、赞成不赞成、高兴不高兴、答应不答应”作为制定方针政策和作出决断的出发点和归宿。党的十八大以来,习近平总书记指出,“我们党的执政水平和执政成效都不是由自己说了算,必须而且只能由人民来评判。人民是我们党的工作的最高裁决者和最终评判者”。他强调“时代是出卷人,我们是答卷人,人民是阅卷人”,强调人民是中国特色社会主义事业的评价主体。要落实人民的评价主体地位,一是要由人民来评价改革开放和现代化建设的成果。看改革开放和现代化建设是否促进经济社会发展、是否给人民带来实实在在的获得感、是否实现了人民的根本利益。二是在对实际工作的考核中,要把人民的满意程度作为基本要素。健全党员干部绩效考核的长效机制,注重群众评议并充分发挥其对干部的评价激励作用,把人民评价作为衡量权力运行实效的根本尺度和选拔任用干部的重要依据,形成正确的用人导向。

三、坚持把国家和社会治理纳入法治轨道

坚持把国家和社会治理纳入法治轨道,既要从理论层面、现实层面和全球发展层面把握其必要性,明确“为什么”的问题;又要从原则层面和路径层面把握其操作性,明确“怎么做”的问题。

① 《列宁选集》(第三卷),人民出版社 2012 年版,第 347 页。

（一）坚持把国家和社会治理纳入法治轨道的必要性

坚持把国家和社会治理纳入法治轨道，既是坚持和发展马克思主义国家治理理论的本质要求，又是推进国家治理现代化的现实需要，还是顺应全球法治潮流的必然选择。

1. 坚持和发展马克思主义国家治理理论的本质要求

马克思主义蕴含着丰富的国家治理思想，这些思想见于马克思主义的国家学说、社会学说和法律学说之中。马克思、恩格斯没有明确提出国家治理的概念，但在其著作中对相关问题作了阐释。比如，在对资本主义社会的批判中，马克思指出，“国家政权不过是管理整个资产阶级的共同事务的委员会罢了”[①]，揭露了资本主义国家管理的虚伪性；在总结巴黎公社治理经验的基础上，提出社会主义社会和共产主义社会的治理设想。马克思认为，作为上层建筑，法是国家治理所必需的。虽然他没有对社会主义国家的法治建设进行详尽论述，但在谈到资本主义法治时及在对未来社会的设想中，从批判和建构的角度阐释了法的重要作用，指出资本主义的法“不过是被奉为法律的处于统治阶级的资产阶级意志的表现”[②]，具有阶级统治作用，并在分析巴黎公社法律制度功能的基础上，对未来国家的政治建设提出设想。列宁结合俄国实际情况，继承并发展了马克思、恩格斯的国家治理思想，提出社会主义过渡时期的国家治理思想和法制建设蓝图，强调法制统一、宪法至上、法律至上、法律监督、人权保障法制化等，为社会主义国家治理特别是法制建设提供了直接借鉴。马克思、恩格斯、列宁关于国家治理和法治建设的思想及其实践，为我国国家治理和法治建设提供了理论指导和实践参考。新中国成立以来，党领导人民积极探索、不断尝试，走出了一条成功的治国理政之路，揭示了法治中国建设的客观规律。新时代，面对国际社会的多重压力和国内发展的诸多矛盾，以习近平同志为核心的党中央提出推进国家治理体系和治理能力现代化、全面依法治国的新思想、新举措，既是对马克

① 《马克思恩格斯选集》（第一卷），人民出版社 2012 年版，第 402 页。
② 《马克思恩格斯选集》（第一卷），人民出版社 2012 年版，第 417 页。

思主义国家治理理论的坚持，也是治国理政的伟大创新。

2. 推进国家治理现代化的现实需要

新时代治国理政的创新发展呼唤国家治理体系和治理能力的现代化，把国家和社会治理纳入法治轨道，实现国家治理法治化，是国家治理现代化的内在要求。“依法治国与国家治理是相互作用、相辅相成的关系。依法治国是推进国家治理现代化的重要内容和主要途径，而推进国家治理体系和治理能力现代化，核心是要推进国家治理法治化。”①新中国成立以来特别是改革开放以来，我们党始终高度重视法治建设。回望这一过程，可以发现，国家治理的各项制度发展总是与法律制度的完善同步推进，与立法体制、执法体制、司法体制的改革相适应。当前，“我们党面对的改革发展稳定任务之重前所未有、矛盾风险挑战之多前所未有，依法治国在党和国家工作全局中的地位更加突出、作用更加重大”②。党的十八大以来，我们党围绕全面依法治国陆续出台相关政策，提出系列新论断、新举措，进一步明确了新时代法治建设的总目标、总路径、总任务、总布局，为全面推进依法治国实践提供了方向指引和根本遵循。正所谓“法治兴则国兴，法治强则国强”，新时代，面对新的发展形势和社会矛盾，全面推进依法治国，加快建设社会主义法治国家，既是完善中国特色社会主义制度的内在要求，也是国家治理现代化的重要任务；既是对社会发展的现实观照，也是对人民需求的关切回应；既是对国家治理经验的科学总结，也是对时代发展形势的科学应对。只有把国家和社会治理纳入法治轨道，才能充分发挥法治固根本、稳预期、利长远的作用，进而发挥中国特色社会主义制度优势，提高国家治理效能。

3. 顺应全球法治潮流的必然选择

“法治是人类文明的共同成果，广泛地运用于各国治理和全球治理的实践之中。”③虽然各国对法治的具体认识不尽相同，但对法治的治理效用已达成基本共识。法治对于维护国家、地区和全球稳定与安全，促进公平正义的

---

① 李林：《依法治国与推进国家治理现代化》，《法学研究》2014 年第 5 期，第 3 页。

② 习近平：《关于〈中共中央关于全面推进依法治国若干重大问题的决定〉的说明》，《理论学习》2014 年第 12 期，第 20 页。

③ 赵骏：《国际法治与国内法治的互动及启示》，《光明日报》2015 年 5 月 13 日。

实现与人类和谐秩序的建立具有积极意义。经济全球化时代，法治已经成为全球治理的基本方式，当今世界越来越多的问题被纳入法治轨道。当前，世界正在经历百年未有之大变局，单边主义、保护主义、霸权主义、冷战思维等重新抬头，各种不确定不稳定因素日益增多，全球发展面临前所未有的风险和挑战。在这种情况下，法治在处理国际国内事务、应对全球性问题等方面的作用愈加突出。国际社会的变化与发展亟须构建一个以法治为基础的国际新秩序，"如果无视规则和法治，继续大搞单边霸凌、'退群毁约'，不仅违背世界人民普遍愿望，也是对各国正当权利和尊严的践踏"①。近年来，包括中国在内的许多国家及联合国委员会、安理会、国际法院等国际组织积极投入全球法治建设，致力于法治价值和原则的推广与实行、国际条约和国际法的制定与编纂、地区冲突和国际争端的司法解决等，在推动全球法治进程上取得了重大发展。党的十八大以来，我们党充分认识国际发展形势，在全面推进国内法治建设的同时，积极推动国际法治建设，坚定维护以国际法为基础的国际秩序，参与国际规则制定，综合利用法治手段开展对外斗争，加强涉外法治建设，推动全球治理变革发展。国内法治与国际法治是紧密相联、双向互动的，只有顺应全球法治潮流，统筹国内国际两个大局，才能更好地实现国家治理法治化，全面提升国家治理效能。

（二）坚持把国家和社会治理纳入法治轨道的原则遵循

坚持把国家和社会治理纳入法治轨道，必须遵循一定的原则，具体而言，主要包括：坚持党的领导、人民当家作主与依法治国的有机统一；坚持平等、自由、公正、秩序等社会主义法治价值的有机统一；坚持立足中国实际与借鉴世界法治文明的有机统一。

1. 坚持党的领导、人民当家作主与依法治国的有机统一

"把坚持党的领导、人民当家作主、依法治国有机统一起来是我国社会

---

① 习近平：《守望相助共克疫情 携手同心推进合作——在金砖国家领导人第十二次会晤上的讲话》，人民出版社2020年版，第6页。

主义法治建设的一条基本经验”①,也是当前和今后加强完善国家治理、加强法治建设的战略选择和重要遵循。实现国家治理现代化,把国家和社会治理纳入法治轨道,必须坚持这一原则不动摇,这是区别于资本主义法治的特色所在,是我国法治建设的特有优势。从根本上来讲,党的领导、人民当家作主与依法治国是内在统一的。其中,党的领导是实现人民当家作主和依法治国的根本保证;人民当家作主是我们党执政的本质要求和社会主义法治的本质特征;依法治国是党领导人民治国理政的基本方式,是实现人民当家作主的法治保障。它们共同统一于中国特色社会主义政治建设的伟大实践。坚持党的领导、人民当家作主与依法治国的有机统一,就是要把党的领导贯彻到依法治国的全过程和各方面,“实现党领导立法、保证执法、支持司法、带头守法”,“要把体现人民利益、反映人民愿望、维护人民权益、增进人民福祉落实到依法治国全过程,保证人民在党的领导下通过各种途径和形式管理国家事务,管理经济和文化事业,管理社会事务”。② 只有这样,依法治国才能不偏离轨道,朝着正确方向向前发展;才能不偏离根本,坚守正确的价值追求。否则,不仅依法治国难以实现,党的领导也会失去根基,人民当家作主也会失去保障。

2. 坚持平等、自由、公正、秩序等社会主义法治价值的有机统一

平等、自由、公正、秩序等是社会主义法律的基本属性,是贯穿我国法治建设的价值要求。实现国家治理现代化,把国家和社会治理纳入法治轨道,必须坚持社会主义法治价值不动摇,实现平等、自由、公正、秩序等的有机统一。坚持平等价值,就是要坚持法律面前人人平等,在立法、执法、司法、守法等方面贯彻平等理念。“任何组织和个人都必须尊重宪法法律权威,都必须在宪法法律范围内活动,都必须依照宪法法律行使权力或权利、履行职责或义务,都不得有超越宪法法律的特权”③,任何人违反宪法法律,都要被依法追究责任,不容许以言代法、以权压法、徇私枉法。自由是法治的核心价

① 习近平:《关于〈中共中央关于全面推进依法治国若干重大问题的决定〉的说明》,《理论学习》2014 年第 12 期,第 21 页。

② 习近平:《加强党对全面依法治国的领导》,《奋斗》2019 年第 4 期,第 6 页。

③ 习近平:《加快建设社会主义法治国家》,《理论学习》2015 年第 2 期,第 5 页。

值，社会主义法治保障的是广大人民群众的自由，党和政府既要不断创造条件，保障人们基本权利和自由的实现，又要破除各种体制机制障碍，扩大人民自由，使人人享有更大的权利和机会，实现充分发展。坚持公正价值，就是要牢牢抓住社会公平正义这一价值追求，在法治建设的各个方面体现公平正义，实现权利公平、机会公平、规则公平、司法公正等，“让人民群众在每一项法律制度、每一个执法决定、每一宗司法案件中都感受到公平正义”①。秩序是法治追求的基本价值，只有建立在一定的秩序基础上，平等、自由、公正等价值才能实现。社会主义法治追求的秩序是一种包容秩序、和谐秩序，在这一秩序基础上，社会充满活力，各种积极因素被调动，盲目因素被引导，消极因素被化解，各主体各尽其能又和谐相处，国家和社会治理走向善治。

3. 坚持立足中国实际与借鉴世界法治文明的有机统一

推进全面依法治国，建设社会主义法治国家，必须立足我国实际，从我国基本国情出发，与国家治理现代化相适应，同时也要面向世界，学习借鉴优秀法治文明成果，既不照抄照搬别国模式，搞全盘西化，又不封闭自守，关起门来搞法治。只有立足我国实际，才能真正把国家和社会治理纳入法治轨道，才能真正体现中国特色，我国实际决定着我国走什么样的法治道路、建设什么样的法治国家。正所谓“为国也，观俗立法则治，察国事本则宜。不观时俗，不察国本，则其法立而民乱，事剧而功寡”②，立足我国实际，就是要突出我国法治建设的特色，这里的特色主要包括中国特色、实践特色和时代特色。为此，需要立足我们当前正在做的大事、要事，结合我国法治建设面临的重大理论问题和现实问题，作出具有全局性、长远性、根本性的顶层设计和战略安排，为我国法治建设提供根本遵循和行动指南；构建符合我国具体情况、体现我国发展特色、反映我国法治建设规律的理论体系，为我国法治建设提供思想指导和理论支撑；开展重点突出、满足现实发展需求的法治实践，为我国法治建设部署和政策的贯彻落实提供现实保证。同时，立足我国实际，还要注重研究我国法治建设的成败得失，特别是总结党领导人民

① 习近平：《加强党对全面依法治国的领导》，《奋斗》2019年第4期，第6页。

② 《习近平著作选读》（第一卷），人民出版社2023年版，第302页。

开展法治建设的成功经验，从中汲取精华、择善而用。当然，强调立足我国实际，并不意味着封闭自守，我们还要以宽广的胸怀、开放的眼光接纳世界法治文明成果，做到方向准、视野广、眼光远，仔细辨别真伪，实现以我为主、为我所用，避免走入西方模式的误区。

（三）坚持把国家和社会治理纳入法治轨道的实践路径

坚持把国家和社会治理纳入法治轨道是一项系统复杂的工程，既要注重培育全民法治意识，保持法治建设定力，实现国家和社会治理转型升级；又要明确法治建设总目标，把握工作布局和重点任务，推进法治实践有序开展；还要坚持问题导向，深化法治改革，推动中国特色社会主义法治事业全面发展。

1. 培育全民法治意识，保持法治建设定力，实现国家和社会治理转型升级

培育全民法治意识，保持法治建设定力，是实现国家和社会治理法治化的基础性工作。法治意识是人们对法律源自内心的真正拥护和真诚信仰，只有引导人们树立法治意识，养成法治思维，法律的权威才能得到真正维护，人们的权益才会得到切实保障，国家和社会治理法治化才能有效推行。为此，必须高度重视全民法治意识培育，全面开展法治宣传教育，“必须弘扬社会主义法治精神，建设社会主义法治文化，增强全社会厉行法治的积极性和主动性，形成守法光荣、违法可耻的社会氛围，使全体人民都成为社会主义法治的忠实崇尚者、自觉遵守者、坚定捍卫者”①。需要强调的是，培育全民法治意识，必须抓住领导干部这一关键群体。作为法治建设的组织者和领导者，领导干部在社会中具有示范引导作用，必须带头尊法学法守法用法，提高运用法治思维和法治方式解决问题的能力，带动群众做尊法学法守法用法的好公民，营造良好的法治社会氛围。在这一过程中，必须坚守法治建设定力不动摇，这既来自对我国法治建设教训的反思，又来自对成功经验的总结延续。法治建设是一个长期曲折的过程，当前，我们虽然取得了许多

---

① 《中共中央关于全面推进依法治国若干重大问题的决定》，人民出版社 2014 年版，第 32 页。

成就，但也面临着突出的问题和挑战。必须引导人们对法治建设形成理性认识，坚定法治自信，保持法治定力，不能因为一时的困难和挫折而动摇法治意识、偏离法治正轨。只有这样，才能为国家和社会治理法治化营造良好的软环境，奠定坚实的社会根基和思想基础，进而实现国家和社会治理转型升级。

2. 明确法治建设总目标，把握工作布局和重点任务，推进法治实践有序开展

加强法治建设，必须明确总目标，把握工作布局和重点任务，并在此基础上推进依法治国实践发展，这是实现国家和社会治理法治化、加快建设社会主义法治国家的核心工作。“全面推进依法治国总目标是建设中国特色社会主义法治体系、建设社会主义法治国家。”[①]我国法治建设的各项工作都不能偏离这一目标，它是贯穿法治建设全过程的一条主线，明确了全面依法治国的性质，坚定了中国特色社会主义法治的方向，指明了建设社会主义法治国家的工作重点，为统一全党全国各族人民的思想和行动奠定了坚实的基础。建设中国特色社会主义法治体系，就是要建设完备的法律规范体系、高效的法治实施体系、严密的法治监督体系、有力的法治保障体系和完善的党内法规体系。[②] 推进全面依法治国这一庞大的系统工程，必须把握其工作布局，抓住其重点任务，具体而言，就是坚持依法治国、依法执政、依法行政共同推进，坚持法治国家、法治政府、法治社会一体建设，推动实现科学立法、严格执法、公正司法、全民守法。依法治国、依法执政、依法行政与法治国家、法治政府、法治社会是有机统一的。只有我们党增强依法执政意识，各级政府依法履行自身职责，才能真正实现依法治国；只有法治国家、法治政府、法治社会建设同步实施，才能实现依法治国总目标。只有完善立法体制，提高立法质量，着重解决执法不规范、不作为等突出问题，优化配置司法职权，健全司法制度，提高全民法治观念等，才能推进法治实践的稳定有序开展。

---

① 习近平：《加快建设社会主义法治国家》，《理论学习》2015 年第 2 期，第 6 页。
② 习近平：《加快建设社会主义法治国家》，《理论学习》2015 年第 2 期，第 6 页。

3. 坚持问题导向，深化法治改革，推动中国特色社会主义法治事业全面发展

“全面依法治国是国家治理的一场深刻革命”①，必须坚持以问题为导向，深化法治领域的各项改革，这是破除束缚法治建设的体制机制障碍，实现全面依法治国的关键一步。当前，我国法治建设取得了前所未有的成就，但也存在立法不良、有法不依、执法不严、司法不公、监督疲软、权力腐败、人权保障不力等突出问题，解决这些问题，最根本的还在于改革。只有直面这些问题，以改革的思维和方式回应现实关切，破除各方面体制机制障碍，才能有效推进依法治国。如果只是束缚在原有的体制机制结构内，进行零敲碎打的修修补补，不仅解决不了根本问题，还会给现有法治建设制造新的障碍。深化法治改革，要处理好法治和改革的关系，做到“在法治下推进改革，在改革中完善法治，使改革因法治而得到有效推进，使法治因改革而得到不断完善”②。为此，既要以法治思维和方式全面深化改革，以法治凝聚改革共识，以法治引领改革方向，以法治规范改革进程，以法治巩固和发展改革成果；又要把法治改革纳入全面深化改革，适应改革总体要求，完善法治体系，健全体制机制，推进法治改革各项工作顺利开展。需要强调的是，法治改革难免涉及多重利益关系，触动现有权力格局，对此，必须拿出敢于革命的勇气，切实有效地推进改革。各级党政机关和领导干部要自觉树立大局意识，从全局出发看待各项改革措施，做法治改革的自觉拥护者、主动参与者和积极贡献者。当前，我们正处于推进全面依法治国、建设现代化法治强国的新征程中，只有勇于改革、敢于创新，才能真正推动我国法治事业的全面发展。

四、坚持在改革中不断创新、发展和完善

坚持在改革中不断创新、发展和完善，既要从理论层面、现实层面和全

① 习近平：《决胜全面建成小康社会 夺取新时代中国特色社会主义伟大胜利——在中国共产党第十九次全国代表大会上的报告》，人民出版社 2017 年版，第 38 页。

② 张文显：《中国法治 40 年：历程、轨迹和经验》，《吉林大学社会科学学报》2018 年第 5 期，第 21 页。

球发展层面把握其必要性，明确“为什么”的问题，又要从原则层面和路径层面把握其操作性，明确“怎么做”的问题。

（一）坚持在改革中不断创新、发展和完善的必要性

坚持在改革中不断创新、发展和完善，既是践行马克思主义社会矛盾理论，解决我国发展现实问题的客观需要；又是完善中国特色社会主义制度，推动中国特色社会主义事业发展的内在要求；还是顺应世界发展大势，契合时代发展潮流的必然选择。

1. 践行马克思主义社会矛盾理论，解决我国发展现实问题的客观需要

马克思主义认为，人类社会的发展是一个不断发展变化、改革创新的过程，是新旧事物相互交织、最终新事物战胜旧事物的过程。推动人类社会不断向前发展的是生产力与生产关系、经济基础与上层建筑的基本矛盾，革命和改革是解决这两对矛盾的基本方式。社会基本矛盾运动决定了社会主义必然代替资本主义，这是一种制度性革命，同时，社会主义社会也是不断变化和改革的社会，需要制度的自我完善和发展。虽然社会主义社会不存在阶级对立，但社会基本矛盾并没有消失，而且是不断发展的，需要不断调整生产关系和上层建筑来适应生产力和经济基础的发展。所以，我们必须树立改革意识，只有在改革中不断创新、发展和完善，才能推动中国特色社会主义事业不断向前。正如习近平总书记指出：“改革是一个国家、一个民族的生存发展之道”①，“实践发展永无止境，解放思想永无止境，改革开放也永无止境，停顿和倒退没有出路”②。当前，我们取得了前所未有的发展成就，但也面临一系列突出矛盾和问题，比如，发展不平衡不充分问题突出，创新能力不强，产业结构不合理，城乡区域发展不协调，收入分配差距较大，教育、就业、医疗、住房等民生问题较多，党的建设存在不少薄弱环节等，未来还会面临更多的风险和挑战。只有通过改革，才能解决这些矛盾问题、化解

---

① 中共中央文献研究室编：《习近平关于全面深化改革论述摘编》，中央文献出版社 2014 年版，第 10 页。

② 中共中央文献研究室编：《习近平关于全面深化改革论述摘编》，中央文献出版社 2014 年版，第 30 页。

各种风险挑战；只有在改革中，才能实现中国特色社会主义的创新、发展和完善。这是践行马克思主义社会基本矛盾理论、适应我国社会基本矛盾运动变化的生动体现，是解决我国发展现实问题、推动经济社会持续健康发展的客观需要。

2. 完善中国特色社会主义制度，推动中国特色社会主义事业发展的内在要求

中国特色社会主义制度是在马克思主义指导下，基于我国革命、建设和改革的长期实践形成的，具有深厚的理论基础和实践根基，在长期的探索实践中，取得了丰富的实践成果，显示出多方面的突出优势。我们必须毫不动摇地坚持好、巩固好中国特色社会主义制度，坚定中国特色社会主义制度自信，同时，也要与时俱进地完善好、发展好中国特色社会主义制度。“万物得其本者生，百事得其道者成。”当前，中国特色社会主义进入新时代，社会主要矛盾的变化和国家治理面临的新任务要求中国特色社会主义制度和国家治理体系更加完善，推动中国特色社会主义制度更加成熟定型是摆在我们面前的一项重大工程。“这项工程极为宏大，零敲碎打调整不行，碎片化修补也不行，必须是全面的系统的改革和改进，是各领域改革和改进的联动和集成。”①只有通过改革，建立一套更加完善管用的制度体系，变革不适应时代发展的体制机制，才能充分发挥我国制度优势，提升国家治理效能。无论是从历史实践的角度，还是从现实需要的角度，或是从未来发展的角度来看，中国特色社会主义事业的推进都离不开改革。40 多年来，我国取得的伟大发展成就、创造的伟大发展奇迹靠的就是改革开放的重要法宝；当前，我国进入改革攻坚期和深水区，继续深化改革是国家发展进步的必由之路；未来，全面建设社会主义现代化国家、实现中华民族伟大复兴的中国梦，离不开改革开放的关键一招。只有坚持改革、全面改革、深化改革，在改革中不断创新、发展和完善，我们的国家才有出路，党和人民的事业才能取得进步，中国特色社会主义才会迸发出持久的生机和活力。

---

① 中共中央文献研究室编：《习近平关于全面深化改革论述摘编》，中央文献出版社 2014 年版，第 27 页。

3. 顺应世界发展大势，契合时代发展潮流的必然选择

纵观当今世界，可以发现，变革是大势所趋，世界各国都在大兴变革，新一轮的产业变革和技术革命也在酝酿兴起。改革创新的潮流势不可当，成为人类社会不断向前发展的活力之源、动力之泉。正所谓，“苟利于民，不必法古；苟周于事，不必循俗”。面对世界发展大势、时代发展潮流，只有勇于改革、敢于创新，积极追求发展进步、不断进行自我完善，才能跟上时代的步伐，融入世界发展潮流之中。否则，就会被时代淘汰、被世界抛弃。纵观我国发展历史，不难发现，唯有顺应历史、遵循规律，才能成为时代的胜者。我国改革开放积累的一条重要经验就是，“一个国家、一个民族要振兴，就必须在历史前进的逻辑中前进，在时代发展的潮流中发展”①。当前，全面建设社会主义现代化国家，实现中华民族伟大复兴的中国梦，要求我们认清改革发展大势，顺应时代发展潮流，勇于承担起自己的历史使命，肩负起时代交付的任务，以更大的政治勇气和智慧、更有力的措施和办法推进改革，开拓进取，绝不能故步自封、僵化保守、畏葸不前。新时代，我们作出全面深化改革的总部署，发出在改革中不断创新、推动发展、完善自我的号令，正是顺应中国人民要发展、要创新、要美好生活的历史要求，契合世界人民要发展、要合作、要和平生活的时代潮流的生动体现。只有继续坚持改革开放，全面深化改革开放，我们才能取得更大的发展成就，创造出“当惊世界殊”的更大奇迹，不断满足人民对美好生活的向往和追求。

（二）坚持在改革中不断创新、发展和完善的原则遵循

坚持在改革中不断创新、发展和完善，必须遵循一定的原则，具体而言，主要包括：坚持有方向、有立场的政治原则不动摇；坚持为了人民、依靠人民的价值取向不偏移；坚持瞄准问题、真抓实干的实践品格不松懈。

1. 坚持有方向、有立场的政治原则不动摇

坚持在改革中不断创新、发展和完善是有方向、有立场的，必须把准政

① 中共中央宣传部编：《习近平新时代中国特色社会主义思想三十讲》，学习出版社 2018 年版，第 96 页。

治方向，沿着正确道路前进，必须站稳政治立场，保持政治定力不动摇。改革，是在社会主义制度范围内的改革，不是往西方资本主义制度上改，是我们党领导下的改革，不是毫无章法地改，这是我们必须坚持的根本政治原则。正如习近平总书记指出："推进改革的目的是要不断推进我国社会主义制度自我完善和发展，赋予社会主义新的生机活力。这里面最核心的是坚持和改善党的领导、坚持和完善中国特色社会主义制度，偏离了这一条，那就是南辕北辙了。"①改革是对中国特色社会主义制度的完善和发展，既不能把西方政治制度照抄照搬到自己身上，也不能因改革而否定社会主义本身。改革开放以来，我们之所以能够取得如此巨大的成就，关键就在于我们坚持走中国特色社会主义道路，这一点，我们必须毫不动摇地坚持下去；在涉及道路、制度等大是大非的根本性问题上，我们必须保持头脑清醒、立场坚定。同时，全面深化改革，还要坚持党的集中统一领导，发挥党总揽全局、协调各方的领导核心作用。当前，我们已经进入改革的攻坚期和深水区，面临的形势复杂、任务艰巨，只有坚持并加强党的领导，我们的改革工作才能顺利推进，才能真正做到务实高效、上下联动、有力有序，这是改革继续取得成功的根本和关键。

2. 坚持为了人民、依靠人民的价值取向不偏移

坚持在改革中创新、发展和完善，必须解决好为了谁、依靠谁的价值取向问题，这是全面深化改革的精神指归。坚持改革为了人民、依靠人民，是我国改革开放取得的重要经验，也是当前和今后全面深化改革必须长期坚持的基本遵循。坚持这一原则，需要从三个方面着手。其一，以促进社会公平正义、增进人民福祉为全面深化改革的出发点和落脚点。具体来说，就是从最广大人民群众的根本利益出发，通过改革创新各项制度，创造公平正义的社会环境，让改革发展成果更加公平地惠及全体人民，保证人民机会平等，共享改革发展成果。这是我们全面深化改革的本真初心和最终指归，是我们党坚持全心全意为人民服务根本宗旨的内在要求。其二，以促进经济

① 中共中央宣传部编：《习近平新时代中国特色社会主义思想三十讲》，学习出版社2018年版，第96页。

社会发展、提高人民获得感为改革成效的评价标准。要使人民群众从改革中获得认同感，就必须抓住人民群众最关心的问题来谋划改革，做到了解人民呼声、回应人民关切、满足人民期待，使改革真正符合人民群众的意愿和要求，得到人民群众的拥护和支持，从而调动各方面的积极性和创造性，进一步激发改革动力。其三，以人民群众为全面深化改革的主体力量。全面深化改革是关涉亿万人民的伟大事业，必须尊重人民、相信人民、依靠人民，努力把人民群众的智慧和力量凝聚到改革上来，充分发挥人民群众的主体性，这是把全面深化改革不断推向前进的重要动力源泉。

3. 坚持瞄准问题、真抓实干的实践品格不松懈

全面深化改革具有鲜明的问题导向和突出的实践品格，坚持在改革中创新、发展和完善，必须面向问题、瞄准问题、解决问题，必须真抓实干，狠抓落实。“我们中国共产党人干革命、搞建设、抓改革，从来都是为了解决中国的现实问题”①，100 多年的中国共产党史、70 多年的新中国史、40 多年的改革开放史，就是一部发现中国问题，解决中国问题，追求时代进步的探索史、发展史。新时代，全面深化改革就是我们党立足变化发展了的社会主要矛盾、面向各领域的突出问题和难点问题作出的重要决策和部署。只有敢于触及矛盾、善于发现问题、深入分析问题并切实解决问题，改革才会直击根本，才能有的放矢，才会真正做到落地见效。坚持深入基层、开展调查研究是发现问题、推动改革落地的有效办法。问题往往潜藏于基层之中，而不是存在于书斋里，只有深入群众、深入实际，倾听群众声音，了解群众期盼，梳理改革落实问题，才能制定出满足群众期盼、符合群众意愿的改革决策，才能保证改革不偏向、不落空。当前，我国改革进入攻坚期和深水区，面临的矛盾多、困难大，需要啃硬骨头、涉险滩，要使改革真正见到成效，必然离不开党员干部的责任担当。为此，各级领导干部要牢固树立进取意识、责任意识，增强改革的思想自觉和行动自觉，敢挑重担、敢打硬仗、敢啃硬骨头，为推进改革积攒强大的能量。

① 习近平：《论坚持全面深化改革》，中央文献出版社 2018 年版，第 27 页。

(三)坚持在改革中不断创新、发展和完善的实践路径

坚持在改革中不断创新、发展和完善,既要全面把握改革目标和内容,指明改革实践发展方向和思路;又要坚持正确改革方法,推动改革实践科学高效发展;还要正确处理改革重大关系,实现改革实践稳定有序发展。

1. 全面把握改革目标和内容,指明改革实践发展方向和思路

推动改革实践发展,必须全面把握改革的目标和内容,明确改革努力的方向和发展的思路,这是把改革不断推向前进的基础环节。党的十八届三中全会提出,“全面深化改革的总目标,是完善和发展中国特色社会主义制度、推进国家治理体系和治理能力现代化”[①]。理解这一目标,必须从整体上进行把握,不能把前后两者割裂开来。完善和发展中国特色社会主义制度规定了改革发展的根本方向,明确了推进国家治理体系和治理能力现代化的本质属性;推进国家治理体系和治理能力现代化规定了改革发展的具体指向,明确了完善和发展中国特色社会主义制度的实现路径。只有把二者结合起来,才能真正实现社会主义现代化,充分发挥中国特色社会主义的制度优势。在这一目标统领下,我们党提出了经济体制、政治体制、文化体制、社会体制、生态文明体制、党的建设制度、国防和军队等领域的改革内容。其中,经济体制改革要围绕市场在资源配置中的决定性作用而展开,政治体制改革要围绕党的领导、人民当家作主和依法治国的有机统一而展开,文化体制改革要围绕建设社会主义核心价值体系和社会主义文化强国而展开,社会体制改革要围绕增进人民福祉、促进社会公平正义而展开,生态文明体制改革要围绕建设美丽中国而展开,党的建设制度改革要围绕提高科学执政、民主执政、依法执政水平而展开,国防和军队改革要围绕领导指挥、联合作战、军民融合等展开。[②] 只有以改革目标为指引,抓住各个领域的核心问题,致力于全面深化改革,才能推进各方面创新,让发展更加高质、制度更加完善、治理更有水平、人民更有获得感。

---

① 中共中央文献研究室编:《习近平关于全面深化改革论述摘编》,中央文献出版社 2014 年版,第 25 页。

② 《中共中央关于全面深化改革若干重大问题的决定》,人民出版社 2013 年版,第 10 页。

2. 坚持正确改革方法，推动改革实践科学高效发展

改革是一项复杂庞大的系统工程，只有遵循改革发展规律，坚持正确改革方法，才能取得理想的改革效果，推动改革实践不断向前发展。坚持正确改革方法，必须以马克思主义为根本指导，坚持用马克思主义的立场、观点和方法认识分析我国的改革问题，用辩证唯物主义和历史唯物主义指导我国改革实践的开展，并在这一过程中形成马克思主义的新成果、开辟马克思主义的新境界、实现马克思主义的新发展，这是推动改革实践发展的锐利思想武器和根本行动指南。具体来说，就是运用马克思主义联系的观点、矛盾的观点、发展的观点、实践的观点等，在改革实践中坚持问题导向、实事求是、调查研究、全面协调，坚持战略思维、底线思维、历史思维、辩证思维。坚持问题导向，就是善于发现改革问题，坚持具体问题具体分析，抓住改革问题本质，解决改革问题；坚持实事求是，就是深入改革实际，探索改革规律，注重与时俱进，深化改革认识；坚持调查研究，就是深入实际，找准改革问题，做到有的放矢；坚持全面协调，就是总体谋划改革全局，统筹改革各个方面，突出改革重点，带动改革全局。坚持战略思维，就是观改革大势，谋改革全局，把握改革发展总趋势，从根本上解决改革问题；坚持底线思维，就是居安思危、未雨绸缪，守住改革原则不动摇，坚定改革立场不偏离；坚持历史思维，就是立足历史大视野，把握改革总趋势，强化改革时代担当；坚持辩证思维，就是全面地、联系地、发展地看待改革问题，坚持一分为二，找准重点、抓住关键，全面统筹，科学发展。只有坚持正确的思想方法和工作方法，才能实现改革实践的科学高效发展。

3. 正确处理改革重大关系，实现改革实践稳定有序发展

改革是一场全面深刻的社会变革，具有涉及面广、触及利益深、持续时间长的特点，特别是当前我国进入改革攻坚期和深水区，必然要调整现有权力结构、触动固有利益格局，需要持续深化、长久发力。只有探索改革规律，捋顺并处理好改革中的重大关系，才能实现改革实践的稳定有序发展。具体而言，就是要正确处理解放思想与实事求是、整体推进与重点突破、顶层设计与基层探索、胆子要大与步子要稳、改革发展与稳定等方面的关系，实现相互之间的良性互动与有机统一。改革意味着破旧立新，解放思想是其内在要义，改革必须敢于突破各种思想禁锢和利益藩篱，敢想敢干敢试，但

也要立足现实,反复研究论证,既不保守也不激进;改革是一项系统性工程,必须注重各个领域各个方面的整体协同,实现相互之间的配合与促进,但也要抓重点、抓关键,切不可眉毛胡子一把抓;改革是牵动全局的宏大工程,必须树立宏观思维,立足全局,统筹规划,做好顶层设计,但也要注重基层实践探索,毕竟改革也是一场无现成答案可抄、无固定模式可套的全新实践,需要试点探索的示范带动;改革是一场社会性革命,必须敢于突破各种阻力,勇于开拓进取,但也不能盲目蛮干、急于求成,而要夯实根基、稳中求进。改革、发展与稳定是社会主义现代化建设的重要支点,要以改善人民生活为结点,实现稳定中的改革发展和改革发展下的稳定。

五、坚持充分传承中华文明和吸纳人类文明成果

坚持充分传承中华文明和吸纳人类文明成果,既要从现实层面和人类社会发展层面把握其必要性,明确“为什么”的问题;又要从原则层面和路径层面把握其操作性,明确“怎么做”的问题。

(一)坚持充分传承中华文明和吸纳人类文明成果的必要性

坚持充分传承中华文明和吸纳人类文明成果,既是增强中华文明活力,厚积中国特色社会主义制度自信文化底气的必然要求;也是顺应人类文明发展,拓展中国特色社会主义制度自信文化视野的必然选择。

1. 增强中华文明活力,厚积中国特色社会主义制度自信文化底气的必然要求

中国特色社会主义不是脱离中华传统文明而存在的,它是植根于中国历史传承和文化传统之中的,有着深厚的历史根基和文化渊源。正如习近平总书记指出:“数千年来,中华民族走着一条不同于其他国家和民族的文明发展道路。我们开辟了中国特色社会主义道路不是偶然的,是我国历史

传承和文化传统决定的。”[①]作为中国特色社会主义的重要组成部分，中国特色社会主义制度也是根植于中华传统文明特别是政治文明之中的，蕴含着丰富的传统政治文明基因，比如，突出以人为主体的政治理念、修身齐家治国平天下的政治理想、强调家国一体的政治情怀、追求“中和之境”“中庸之道”的政治境界、尊崇整体的政治思维等，都在中国特色社会主义制度中有着鲜明的体现。中国特色社会主义制度是产生于中华大地的政治文明体系，正是在不断挖掘传统政治智慧、吸收传统政治精华的过程中，中国特色社会主义制度才得以形成并实现充分发展。只有把中国特色社会主义制度与传统政治文明有机结合起来，既不忘本来，守护好中华政治文明根脉，传承中华政治文明成果，以此滋养中国特色社会主义制度，又结合当下，实现传统政治文明的创造性转化和创新性发展，才能实现传承性与创新性、传统性与现代性的有机统一，充分彰显中国特色社会主义制度的独特优势。这是增强中华文明活力、厚积中国特色社会主义制度自信的文化底气的必然要求。

2. 顺应人类文明发展，拓宽中国特色社会主义制度自信文化视野的必然选择

纵观人类文明发展历史，可以发现，不同文明之间交流借鉴、共建共享，是世界文明发展的潮流趋势，人类文明正是在自我文明与他者文明的融通互鉴中不断丰富发展的。“包括政治文明和制度文明在内的人类文明，是人类共同创造的成果，是人类勤劳与智慧的结晶。”[②]只有秉持“相互理解、相互尊重、相互信任”的发展理念，“以文明交流超越文明隔阂、文明互鉴超越文明冲突、文明共存超越文明优越”[③]，才能充分激发人类文明活力，实现人类文明的多彩发展。中国特色社会主义正是秉持这一发展理念，在世界百年未有之大变局中，以开放自信的心态、宽广博大的胸襟参与世界文明对话、

---

① 习近平：《牢记历史经验历史教训历史警示 为国家治理能力现代化提供有益借鉴》，《人民日报》2014 年 10 月 14 日第 1 版。

② 包心鉴：《中国制度的内在逻辑和独特优势》，《社会科学研究》2019 年第 5 期，第 9 页。

③ 习近平：《携手推进“一带一路”建设——在“一带一路”国际合作高峰论坛开幕式上的演讲》，新华网 2017 年 5 月 14 日。

借鉴人类文明成果，不断实现自身发展壮大的。当前，国家发展道路和社会制度竞争愈发激烈，只有坚持新文明观，摒弃极端狭隘、妄自尊大的文化排外主义和自我中心主义，加强世界文明对话，中国特色社会主义才能更好地应对各种不稳定不确定因素，才能真正经受住各种风险挑战，中国特色社会主义制度才会愈发彰显出自身的独特优势，才会愈发具有强大的竞争力，并为人类制度文明发展作出更大的贡献。这是顺应人类文明发展，拓宽中国特色社会主义制度自信文化视野的必然选择。

（二）坚持充分传承中华文明和吸纳人类文明成果的原则遵循

坚持充分传承中华文明和吸纳人类文明成果，必须遵循一定的原则，具体而言，主要包括坚持“不变”与“变”相统一、独立自主与吸收借鉴相统一。

1. 坚持“不变”与“变”相统一

充分传承中华文明和吸纳人类文明成果，必须充分把握新时代中国特色社会主义文化发展的不变原则和变化条件，坚持“不变”与“变”相统一。坚持“不变”，就是在传承中华政治文明、吸纳人类政治文明成果的过程中，守住中国特色社会主义发展方向不偏移，抓住中国特色社会主义发展关键不懈怠，守住中国特色社会主义发展目标不偏离，这是不忘本来、吸收外来条件下，完善和发展中国特色社会主义制度的根本前提。传承中华政治文明、吸纳人类政治文明成果，必须坚持中国特色社会主义根本方向和发展道路，保证制度发展不改旗易帜；必须以维护社会主义意识形态安全、提高我国意识形态竞争力为关键，保证制度发展不变色；必须以完善中国特色社会主义制度、增强制度自信为目标，保证制度发展不偏航。坚持“变”，就是在传承中华政治文明、吸纳人类政治文明成果的过程中，关注时代变化和社会发展情况，使制度发展适应时代发展要求和我国具体国情，这是不忘本来、吸收外来条件下，实现中国特色社会主义制度发展的必由之路。传承中华政治文明、吸纳人类政治文明成果，必须立足时代发展，结合时代特点和要求，对传统政治文化进行改造，赋予其新的时代内涵和生命活力；必须立足我国国情，结合我国发展需求，对外来政治文化进行转化，赋予其新的民族特色，使其真正成为自己的东西，为我所用。

2. 坚持独立自主与吸收借鉴相统一

充分传承中华文明和吸纳人类文明成果，必须坚持独立自主与吸收借鉴相统一。在完善发展中国特色社会主义制度这一问题上，独立自主与吸收借鉴本就是相辅相成、辩证统一的。一方面，坚持独立自主、自力更生，是实行对外开放、吸收借鉴世界政治文明的前提和基础；另一方面，实行对外开放、吸收借鉴世界政治文明能够增强我国独立自主、自力更生进行制度建设的活力和能力。我们强调独立自主、自力更生，并不意味着封闭自守、妄自尊大；我们实行对外开放、吸收借鉴世界政治文明，并不意味着放弃独立自主、自力更生的原则和立场。我们必须把二者统一起来，而不是对立起来，只有这样，才能充分发挥吸收借鉴世界政治文明的作用，有效推动中国特色社会主义制度完善发展。坚持独立自主与吸收借鉴相统一，就是要在独立自主的前提下，广泛借鉴，善于吸收，使其成为推动中国特色社会主义制度发展的重要力量。为此，既要以开放自信的心态、宽广博大的胸怀接纳世界政治文明、学习世界政治文明，又要扎根中国大地、立足中国实际，借鉴世界政治文明、吸收世界政治文明。

（三）坚持充分传承中华文明和吸纳人类文明成果的实践路径

坚持充分传承中华文明和吸纳人类文明成果，既要坚持以马克思主义为指导，用发展着的马克思主义引领我国政治文化建设；又要坚持不忘本来，实现古为今用、推陈出新；还要积极吸收外来文明，秉持以我为主、为我所用的原则。

1. 坚持以马克思主义为指导，用发展着的马克思主义引领我国政治文化建设

新时代完善中国特色社会主义制度，充分传承中华文明和吸纳人类文明成果，最根本的就是要坚持以马克思主义为指导，用发展着的马克思主义引领我国政治文化建设。马克思主义是我们立党立国的根本指导思想，我们党自诞生之日起就高举马克思主义旗帜，不断推进马克思主义中国化，形成了革命文化、社会主义先进文化，为中华文化注入了先进的思想内涵。新时代，坚持马克思主义的指导地位，就是要用发展着的马克思主义引领我国

政治文化建设，这既是由马克思主义的理论品质决定的，也是由我国政治文化发展的现实需要决定的。马克思主义是不断发展的理论，是开放的理论，它始终站在时代的前沿，随着实践的发展而不断发展，它不断吸取人类文明成果，在与时代特征和各国实际的结合过程中，不断丰富和发展自己，在探索时代新课题、回应人类新挑战的过程中，永葆生机活力。当今世界正在发生前所未有的新变化，我们所处的新时代同样也发生着翻天覆地的变化。发展中国特色社会主义政治文化，无论是从国际形势来看，还是从国内条件来看，我们都面临着许多新情况和新问题，需要马克思主义作出新的回答。为此，我们必须坚持与时俱进，结合新的时代条件，谱写马克思主义新篇章，开辟马克思主义新境界，用发展着的马克思主义引领我国政治文化建设，指导新的政治文化实践。

2. 坚持不忘本来，实现古为今用、推陈出新

在5000多年文明发展中孕育的中华优秀传统文化，在党和人民伟大斗争中孕育的革命文化和社会主义先进文化，积淀着中华民族最深层的精神追求，是中华民族独特的精神标识。这明确指出了中国特色社会主义文化的“本来”，是中国特色社会主义文化的“根”和“魂”，是我们在世界文明竞争中赢得主动的重要根基。中华优秀文明源远流长、博大精深，能够为新时代的文化发展提供有益启迪和丰厚滋养。“不忘本来才能开辟未来，善于继承才能更好创新。”[①]传承中华政治文明，必须坚持正确的态度、科学的方法，既不复古泥古、全盘拿来，也不简单否定、全盘抛弃，而应科学地鉴别、批判地继承、扬弃地发展，能够为我所用的取之，不能为我所用的弃之，实现古为今用、推陈出新。对待仍有使用价值的中华优秀政治文化，我们必须结合时代特点，对其进行加工改造，赋予其新的时代内涵，激发其新的生机活力，使其顺应社会发展要求，符合时代进步需求，实现传统政治文化与现代政治文化的相互融通，让中华政治文明在创造性转化、创新性发展中绽放时代光彩，铸就新的辉煌。

① 中共中央宣传部编：《习近平新时代中国特色社会主义思想学习纲要》，学习出版社、人民出版社2019年版，第146页。

3. 积极吸收外来文明，秉持以我为主、为我所用的原则

"文明因多样而交流，因交流而互鉴，因互鉴而发展。"①中华民族是一个开放包容、兼容并蓄的民族，长期以来，我们始终秉持着开放的心态、宽广的胸襟，与世界文明对话，在交流互鉴中实现外来文明转化、推动中华文明发展。当前，在经济全球化的大背景下，我们更要着眼于全球文明发展的大趋势，积极构建融通中外的文明话语体系，加强中外文明对话交流，实现中外文明交流互鉴。在吸收世界政治文明成果的过程中，我们必须秉持以我为主、为我所用的原则，批判地借鉴，扬弃地吸收。世界政治文明的发展不是千篇一律、整齐划一的，不同政治文明都有其产生、发展的社会环境和历史条件，都有其突出的民族特色。面对丰富多彩的世界政治文明，我们要以开放包容的心态，积极学习他人的好东西，大胆吸收借鉴其有益成果，又要立足自身，从我国实际出发，掌握好对外来文化进行鉴别取舍的标准，注重在学习借鉴中吸收消化，把他人的东西转化成能够为我所用的东西，把世界文明成果转化成自己文明体系的组成部分，突出自己的民族特色。只有立足中国，站在推动中国发展的制高点上借鉴国外，把外来政治文明成果同我国经济社会发展的时代要求、人民群众丰富多彩的美好生活需求、不断发展的社会实践活动等结合起来，才能真正实现不同政治文明之间的科学对话，实现政治文明互鉴，并为我所用、互惠互利。

① 中共中央宣传部编：《习近平新时代中国特色社会主义思想学习纲要》，学习出版社、人民出版社 2019 年版，第 148 页。

主要参考文献

[1]中共中央文献研究室、中央档案馆《党的文献》编辑部. 共和国走过的路——建国以来重要文献专题选集(1949—1952)[M]. 北京:中央文献出版社,1991.

[2]毛泽东. 毛泽东选集[M]. 北京:人民出版社,1991.

[3]邓小平. 邓小平文选:第一卷[M]. 北京:人民出版社,1994.

[4]邓小平. 邓小平文选:第二卷[M]. 北京:人民出版社,1994.

[5]邓小平. 邓小平文选:第三卷[M]. 北京:人民出版社,1993.

[6]费正清. 美国与中国[M]. 北京:世界知识出版社,2001.

[7]中共中央文献研究室. 十七大以来重要文献选编[M]. 北京:中央文献出版社,2009.

[8]中共中央文献研究室,中央档案馆. 建党以来重要文献选编(1921—1949)[M]. 北京:中央文献出版社,2011.

[9]中共中央文献研究室. 十二大以来重要文献选编[M]. 北京:中央文献出版社,2011.

[10]中共中央马克思恩格斯列宁斯大林著作编译局. 马克思恩格斯选集[M]. 北京:人民出版社,2012.

[11]习近平. 在庆祝全国人民代表大会成立60周年大会上的讲话[M]. 北京:人民出版社,2014.

[12]中共中央文献研究室. 十八大以来重要文献选编[M]. 北京:中央文献出版社,2014.

[13]孙中山. 孙中山全集:第九卷[M]. 北京:人民出版社,2015.

[14]习近平. 在哲学社会科学工作座谈会上的讲话[M]. 北京:人民出

版社,2016.

[15]中共中央文献研究室．习近平关于全面建成小康社会论述摘编[M]．北京:中央文献出版社,2016.

[16]中共中央文献研究室．习近平关于社会主义政治建设论述摘编[M]．北京:中央文献出版社,2017.

[17]中共中央宣传部．习近平新时代中国特色社会主义思想三十讲[M]．北京:学习出版社,2018.

[18]习近平．论坚持全面深化改革[M]．北京:中央文献出版社,2018.

[19]中共中央宣传部．习近平新时代中国特色社会主义思想学习纲要[M]．北京:学习出版社,2019.

[20]中共中央党史和文献研究院．十九大以来重要文献选编[M]．北京:中央文献出版社,2019.

[21]张绍元．中国特色社会主义制度为什么好[M]．北京:红旗出版社,2019.

[22]秦刚．中国特色社会主义制度研究[M]．北京:中共中央党校出版社,2020.

[23]习近平．在全国抗击新冠肺炎疫情表彰大会上的讲话[M]．北京:人民出版社,2020.

[24]人民日报理论部．讲中国故事说制度优势[M]．北京:人民出版社,2020.

[25]徐斌．制度的力量[M]．北京:中国青年出版社,2021.

[26]习近平．习近平谈治国理政:第四卷[M]．北京:外文出版社,2022.

[27]习近平．高举中国特色社会主义伟大旗帜 为全面建设社会主义现代化国家而努力奋斗:在中国共产党第二十次全国代表大会上的报告[M]．北京:人民出版社,2022.